MARIE MATISEK

Frau gönnt sich ja sonst nichts

Wie sich die Trennung von meinem Mann unverhofft als Glücksfall erwies

Besuchen Sie uns im Internet:
www.knaur.de

Originalausgabe Januar 2018
Knaur Taschenbuch
© 2018 Knaur Verlag
Ein Imprint der Verlagsgruppe
Droemer Knaur GmbH & Co. KG, München
Alle Rechte vorbehalten. Das Werk darf – auch teilweise – nur mit
Genehmigung des Verlags wiedergegeben werden.
Covergestaltung: ZERO Werbeagentur, München
Coverabbildung: FinePic / shutterstock
Satz: Adobe InDesign im Verlag
Druck und Bindung: CPI books GmbH, Leck
ISBN 978-3-426-78912-4

2 4 5 3 1

*Für Kasper,
den treuesten Gefährten*

Yes, it's a good day for singing a song,
And it's a good day for moving along;
Yes, it's a good day, how could anything go wrong
A good day from morning till night

Yes, it's a good day for shining your shoes,
And it's a good day for losing the blues;
Everything to gain and nothing to lose,
Cause it's a good day from morning till night

I said to the Sun, »Good morning sun,
Rise and shine today«,
You know you've gotta get going
If you're gonna make a showing
And you know you've got the right of way

'Cause it's a good day for paying your bills;
And it's a good day for curing your ills,
So take a deep breath and throw away your pills;
'Cause it's a good day from morning till night

(Peggy Lee, *It's a Good Day*)

Vorwort

»Wir müssen reden.«

Nach so einer Gesprächseinleitung folgt unweigerlich etwas Unangenehmes. Ich weiß das sehr wohl, und deshalb mag ich jetzt nicht so gern mit Torsten, meinem Mann, reden. Also über Probleme reden. Ansonsten rede ich gern und viel, darüber, dass irgendjemand nicht die Waschmaschine ausgeräumt hat, der Nachbar Plastiktüten in den Papiermüll schmeißt und die Mathelehrerin unseres Sohnes eine hundsgemeine … Sie wissen schon.

»Wir müssen reden.« Ach nee, lass mal, denke ich. Ich weiß doch, jetzt kommen Dinge auf den Tisch, über die ich alles andere tun will als reden. Verdrängen, vergessen, leugnen.

In letzter Zeit sagt Torsten den Satz sehr oft. »Wir müssen reden.« Und ich ahne, ich komme nicht darum herum. Um die ganz große Aussprache.

Nun ist es beileibe nicht so, dass wir gar nicht miteinander reden. Torsten und ich tauschen uns eigentlich permanent aus und sind in den grundlegenden Dingen – Politik, Essen und Trinken, Kinder- und Hundeerziehung – häufig einer Meinung. Und darum drehen sich dann auch unsere Gespräche – um Beruf und Kinder, Freunde und Familie und manchmal um Trump und den Brexit.

Mir reicht das eigentlich, ich bin eher pragmatisch und – das glaube ich zumindest – im Großen und Ganzen recht glücklich mit diesem unserem Leben. Dass ich in dieser

Hinsicht einer großen Illusion erlegen bin, weiß ich heute, und diese Erkenntnis habe ich Torsten zu verdanken, aber dazu später.

»Wir müssen reden«, sagt mein Mann, und weil ich nur freundlich, aber abwesend nicke, schiebt er den Satz »Ich habe eine Freundin« hinterher.

Ich starre Torsten an. Zwanzig Jahre sind wir verheiratet, und das, was er da eben gesagt hat, hat er doch nicht wirklich gesagt.

Oder?!

»Ich habe eine Freundin« – dieser Satz gehört in Bücher, in Filme, in andere Familien, aber nicht in *mein* Leben!

Mir schießt durch den Kopf, dass ich möglicherweise über ein neues Romanprojekt nachgedacht habe, schließlich gibt es auch in meinen Geschichten die eine oder andere Geschiedene, Betrogene, Verlassene. Aber die tiefen Sorgenfalten über dem traurigen Hundeblick meines Gegenübers kann ich nicht fehlinterpretieren.

Es stimmt.

Er hat es gesagt.

Gerade eben.

Hier in unserer Küche.

Mein Leben bricht auseinander.

Dabei kommt auf mich ohnehin ein Jahr der Zäsuren zu: Unsere Tochter wird achtzehn, macht Abitur und geht auf Weltreise. Danach beginnt sie ein Studium in einer anderen Stadt und zieht von zu Hause aus.

Ich werde fünfzig und möchte nach zwölf Büchern endlich einmal eine Schreibpause einlegen.

Eigentlich finde ich, das reicht an Umwälzungen für ein Jahr.

Ich muss an meine Oma denken, die munter zu sagen pflegte: »Wenn du denkst, es geht nicht mehr, kommt von irgendwo ein Lichtlein her.« Nun, im Moment sieht es ein bisschen anders aus – Torsten hat eher den Strom ganz abgedreht, und in meinem Dunkel leuchtet nicht einmal die kleinste Funzel.

Nun ist es nicht so, dass die Offenbarung meines Mannes ganz und gar überraschend kommt. Dass er eine Freundin hat, das schon. Aber dass in unserer Ehe nach zwanzig Jahren nicht mehr nur eitel Sonnenschein herrscht, das ist sogar an mir, der ganz großen Konfliktvermeiderin, nicht spurlos vorübergegangen.

Zwanzig Jahre Hamsterrad haben bei mir ihre Spuren hinterlassen. Ich habe für die Kinder gesorgt, mich um Haushalt und Haustiere gekümmert, Arzttermine im Kopf behalten und die Steuer gemacht.

Habe pausenlos gearbeitet, meinen Papa zu Grabe getragen und mich um meine Mama gekümmert. Freunde bekocht und den Motivationstrainer für meinen Mann gegeben.

Dabei bin ich dicker, grauer und müder geworden. Und zum Schluss war ich eine Frau, die ich selbst nicht mehr mochte.

Ein neues Leben wartet also. Ein Leben ohne Torsten. Wie geht das? Wie wird das sein? Eine Katastrophe? Nur, weil mein Mann mich verlassen hat?

Ich kenne doch diese simpel gestrickten Tränendrüsen-Filme, ich weiß genau, wie das läuft! Patente Frau wird von wohlhabendem, aber gefühlskaltem Ehemann hintergangen und ums Geld gebracht. Steht da mit den drei Kleinen, lässt sich nicht unterkriegen, packt das Leben an und jede Gelegenheit beim Schopf, wird mit selbst gekochter Marmelade reich und berühmt und ehelicht zum Schluss den netten Tierarzt von nebenan.

Marmelade einkochen, damit reich werden und den netten Tierarzt ehelichen, kommt als Option für mich gerade nicht infrage, aber ich bin trotzdem nicht bereit zu akzeptieren, dass mein Leben plötzlich ins Tragische kippen soll.

Also haben wir geredet. Anschließend habe ich eine einwöchige Schockstarre erlebt, eine ebenso lange Trauerphase, aber dann bin ich sehr schnell aufgewacht. Habe mich gefragt, ob denn jetzt wirklich alles den Bach runtergeht. Ob ich das will. Heulen und streiten. Die besorgten und traurigen Gesichter unserer Kinder. Mich mit meinem Mann zerfleddern, den ich liebe und mit dem ich alt werden wollte.

Muss das so sein? So enden? Was macht das mit mir?

Lasse ich mich von der neuen und zugegebenermaßen beschissenen Situation unterkriegen, oder schaffe ich es, die Sache mit heiler Haut zu überstehen? Mit ein bisschen »Ommm« und guter Laune ist das nicht wieder hinzubiegen, aber vielleicht könnte das ein Anfang sein?

Ich versuche, die Situation in einem anderen Licht zu sehen.

Trennung als Chance.

»Mama, du bist voll super«, sagen meine Kinder, nachdem ich ihnen verkünde, dass ich mich nicht unterkriegen lasse. Da ist Torsten – mein Mann, ihr Vater – gerade mit seiner Reisetasche aus der Tür gegangen. Zu seiner neuen Freundin. Ich traue meinen Worten selbst nicht so ganz, aber dass die Kinder an mich glauben und mir den Rücken stärken, macht mir Mut. Ich will das schaffen. Und ich will es gut schaffen.

Mit fünfzig ein neues Leben wagen.

Kopfüber in die Zukunft!

Geht das?

Bevor es losgeht

*Oder: Ohne Sabine geht hier
(fast) gar nichts*

Es ist gerade einmal drei Jahre her, da besuche ich kurz vor Weihnachten mit meinen zwei besten Freundinnen Sabine und Julia einen Weihnachtsmarkt. Sabine ist wie ich verheiratet und hat zwei Kinder. Ihr Mann Nils ist ein »sperriger« Typ, ich bemühe mich seit vielen Jahren, Sabine nicht spüren zu lassen, dass ich Nils nicht mag. Deshalb fällt es mir auch schwer, einigermaßen neutral zu bleiben, als sie Julia und mir, angefeuert vom Glühwein, von ihren Eheproblemen erzählt.

»So ein Sack!«, »Das geht ja mal gar nicht!«, »Das musst du dir nicht bieten lassen, nicht von *dem!*«, »Mädels, noch 'nen Glühwein?«, »Dieser Arsch!« sind noch die harmloseren Kommentare.

Sabine hat schon seit Längerem einiges auszuhalten, und wann immer ich sie besucht habe und Zeuge sein durfte, wie Nils sehr spät sehr schlecht gelaunt von der Arbeit kam, seine Aktentasche in die Ecke pfefferte, sich ein Glas Rotwein wie Wasser hinter die Binde kippte und Sabine wegen irgendwelcher Belanglosigkeiten anmeckerte, war ich heilfroh, wenn ich in meine eigene Ehe-Gemütlichkeit zurückkehren durfte. So einen groben Klotz wie Nils hatte *ich* nicht zu Hause!

(In Gedanken spielte ich Torsten gern gegen Nils aus.
Gerade, wenn man mit seinem Partner ein bisschen unzufrieden ist, freut man sich ja, wenn andere – vermeint-

lich – noch schlechter dran sind. Schadenfreude nennt man diesen unschönen Charakterzug, den ich bei anderen gar nicht mag, wenngleich ich selbst nicht dagegen gefeit bin.)

Nils war nicht ein klitzekleines Fünkchen romantisch, wohingegen Torsten mir Schmuck, Dessous und tolle Klamotten schenkte – Sachen, die ich nie getragen habe, weil sie meinen Geschmack nicht hundertprozentig trafen. Gesagt habe ich nie etwas, weil ich nicht unromantisch wirken wollte wie ein Klotz. *Shame on me.*
Nils brüllte in einem fort entweder Sabine oder die Kinder an. Mein Mann brüllte nur allein in seinem Büro (wobei manches Mal auch etwas zu Bruch ging. Meine Lieblingsteetasse zum Beispiel).
Nils trug im Urlaub offene Sandalen und kurze Hosen und das, obwohl weder seine Waden noch seine Füße ein angenehmer Anblick waren. Torsten dagegen legte großen Wert darauf, auch bei größter Hitze nichts zur Schau zu stellen, was die Augen anderer möglicherweise beleidigen konnte.
(Das änderte sich, als er sich ein Tattoo machen ließ. Plötzlich wollte er allen Ernstes Tanktops tragen! Rückblickend mache ich seine damals frische Affäre mit der um einiges jüngeren Frau dafür verantwortlich.)

Nils machte jedes Mal großes Theater, wenn Sabine einen netten Abend ohne ihn verbringen wollte – was selten genug vorkam. Torsten freute sich, wenn ich mich ohne ihn verabredete und fröhlich und angeschickert von meinen Mädelsabenden nach Hause kam. Das Komische war nur: Wenn Nils gemeinsam mit Sabine zu Freunden eingeladen war, kam er nicht mit und schickte sie allein los. Wenn er sie doch einmal begleitete, gab er sich ausgesprochen stoffelig, schlief manchmal sogar in der Gesellschaft ein, sodass Sabine sich wünschte, ihre Spaßbremse wäre zu Hause geblieben.

Das allerdings hat Torsten mit Sabines Ex-Ehemann gemein. Zu fünfzig Prozent unserer Einladungen musste ich allein gehen. Und meinen Mann halb gar entschuldigen.

(Heute denke ich: Was für ein Fehler! Wie blöd war ich eigentlich? Warum bin ich nicht allein hingegangen und habe gesagt, wie es ist: Torsten hat einfach keinen Bock!)

Aber Schluss mit Nils, um den geht es hier ja gar nicht. Sabine meint allerdings, sie solle auch mal ein Buch über ihre Ehe und die Trennung schreiben. Das müsse dann aber ganz anders heißen!

Zurück zu jenem bemerkenswerten Winterabend.

Damals beschwert sich Sabine also über die Lieblosigkeit in ihrer Ehe, völlig zu Recht, wie Julia und ich meinen. Julia, die seit langen Jahren Single ist und trotz ihres unglaublich guten Aussehens und wunderbaren Charakters einfach keinen Mann findet, wirft vorsichtig ein, dass sie sich nicht vorstellen könne, mit einem Mann wie Nils verheiratet zu sein. Dann sei sie schon lieber Single.

Sabine und ich sehen uns mitleidig an. Julia hat ja keine Ahnung! Was wir erleben, ist doch normal! Und wer will schon so ein trauriges Single-Dasein führen wie Julia? Da bleiben wir doch lieber verheiratet, machen so weiter wie bisher und lassen ab und zu bei den Freundinnen Dampf ab.

(Drei Jahre später – also heute – sind Sabine und ich Single, und Julia hat die Liebe ihres Lebens kennengelernt.)

Sabine kotzt sich also mal wieder so richtig aus, aber wie das immer so ist, wenn man seinen Ehemann vor anderen in den Schmutz zieht, tut es einem mit erhöhtem Glühweinpegel auch wieder leid, und man verteidigt den Sack vor den Angriffen der Freundinnen. Der Abend auf dem Weihnachtsmarkt endet also wie gewöhnlich: Nils ist eigentlich ganz okay, und Sabine ist froh, dass sie ihn hat, und eigentlich liebt sie ihn ja auch.

Ich bin kaum zu Hause angekommen, da klingelt das Telefon: Sabine. Ihre Stimme schnappt über, und es klingt fast so, als würde sie hyperventilieren. Was sie sagt, haut mich dann auch aus den Latschen: »Ich hab Nils rausgeschmissen! Er geht fremd – seit Jahren schon!«

Atemlos klärt sie mich auf. Als sie nach Hause kam, schlief Nils vor dem Computer. Sabine wollte das Ding ausstellen, doch dann sah sie, womit ihr Mann zuletzt beschäftigt war: Er chattete mit seiner Assistentin. Leider nicht beruflich. Sondern eindeutig privat. Sehr privat. Sabine beugte sich über die Schulter ihres schnarchenden Mannes und scrollte sich durch den Chatverlauf. Was sie las, nahm ihr den Atem. Ihr Mann hatte offensichtlich schon seit Langem eine Affäre mit seiner Assistentin. So lange, dass die Beziehung deutlich über ein rein sexuelles Verhältnis hinausging.

Sabine weckte Nils – sehr unsanft, darf man annehmen –, der Tropf gab schlaftrunken und verdattert alles zu und musste *stante pede* seine Siebensachen packen. Zwanzig Minuten später war er aus dem Haus, in das er nie wieder einziehen sollte.

Nach diesem Schockanruf brauche ich einen Schnaps und ein Gespräch mit meinem Mann. Auch Torsten ist fassungslos. Dieser Nils! Wie feige! Was für ein Schwein! Der hat doch zwei Kinder, wie kann er nur! Ein One-Night-Stand ginge ja vielleicht noch durch, aber ein Doppelleben – jahrelang! Torsten reagierte ebenso empört wie ich. Wir waren beide gleichermaßen schockiert über Nils' infamen Vertrauensbruch, waren uns letztendlich aber einig: So richtig wunderte es keinen von uns. Nils war immer schon ein Sack gewesen.

Zu jener Zeit war Torsten schon seit ein paar Monaten mit seiner Freundin zusammen, und ich ahnte nicht, dass Sabines Geschichte drei Jahre später mir selbst widerfahren sollte. Ich wusste damals nicht, dass ich auch mit einem ebensolchen Sack verheiratet war.

Sabine hat in der Zeit nach Nils' Rausschmiss fast alles anders gemacht als ich, daher kann sie meine Gelassenheit und gute Laune und das Gefühl der Befreiung nur zum Teil nachvollziehen. Ich dagegen verstehe die Streitlust, die Aggressionen nicht, mit denen sie ihrem Ex immer noch begegnet. Aber wir sind seit vierzig Jahren beste Freundinnen, sind im wahrsten Sinne des Wortes durch dick und dünn gegangen, und deshalb ist Sabine immer an meiner Seite und umgekehrt. Sie begleitet dieses Buch wie das kleine Teufelchen, das einem manchmal auf der Schulter sitzt und böse Kommentare abfeuert. Sabine sorgt dafür, dass ich mich manchmal an den Ohren ziehe und ermahne, nicht zu gütig mit Torsten ins Gericht zu gehen. Und nicht zu hart mit mir selbst.

Durch Sabine werde ich außerdem daran erinnert, dass ich mit meiner Geschichte nicht allein bin. Laut Statistischem Bundesamt wurde im Jahr 2015 jede dritte Ehe geschieden. Die durchschnittliche Dauer einer solchen Ehe lag bei 14,7 Jahren – Torsten und ich liegen immerhin knappe sechs Jahre darüber. Das Durchschnittsalter der geschiedenen

Männer lag hierbei bei 46,3 Jahren (Torsten ist nur wenig älter), das der Frauen bei 43,3 – ich liege also deutlich über dem Durchschnitt. Das kann man positiv interpretieren – hurra! Ich habe es länger geschafft! – oder auch ein bisschen schwarzsehen: Oje, ich bin älter als die anderen Geschiedenen. Ich entscheide mich immer für das halb volle Glas und freue mich, dass wir – insbesondere ich – etwas länger durchgehalten haben.

Noch interessanter als die Anzahl der Scheidungen ist eine Studie über Grund und Häufigkeit von Seitensprüngen. Die Georg-August-Universität Göttingen hat das an 3334 betrogenen Männern und Frauen untersucht. Teilgenommen haben 66 % Frauen und 34 % Männer – das spiegelt ungefähr das reale Verhältnis der Mann-Frau-Verteilung unter den Betrogenen wider.

Als Gründe für den Seitensprung werden an erster Stelle das Gesprächsverhalten der beiden Partner bei Problemen innerhalb der Partnerschaft genannt, an zweiter folgt die Art und Weise, in der der Partner negative Gefühle äußert, und an dritter Stelle schließlich – was wenig verwunderlich ist – kommen Sex und Erotik.

Der Großteil der Betrüger versichert, dass er seinen Partner/seine Partnerin liebt und ihm/ihr eigentlich gar nicht untreu werden wollte. Erstaunlich ist auch, dass der One-Night-Stand bei den Seitensprüngen nur eine kleine Rolle spielt – ein Drittel bis knapp die Hälfte der Seitensprung-Beziehungen dauert ein halbes bis ganzes Jahr. Und 23 % bis 29 % halten sogar länger als ein Jahr.

An Torstens Seitensprung ist genau wie an dem von Sabines Mann Nils nichts Außergewöhnliches, Überraschendes – abgesehen davon, dass Torsten im Gegensatz zu Nils nicht mit einer Kollegin fremdgegangen ist, was ihn etwas von der Masse abhebt. Dadurch, dass ich mir die Durchschnittlichkeit seines Vertrauensbruchs vergegenwärtige, wird das, was mir im ersten Schockmoment als grausames Einzelschicksal erscheint, ziemlich banal. Das macht es moralisch nicht besser, auch nicht erträglicher, aber zu wissen, dass man nicht die einzige betrogene Ehefrau ist, hilft ungemein.

Ich habe, wie gesagt, Sabine an meiner Seite, meine Lieblingsleidensgenossin. Aber ich lerne nach meiner Trennung noch andere Menschen kennen, denen das Gleiche widerfahren ist. So oder ähnlich. Frauen wie Männer.

Wir sind nicht allein. Die meisten von uns Betrogenen haben es überlebt. Oft sogar ziemlich gut.

Blick zurück

*Oder: Warum es mir so wichtig ist,
zwanzig Jahre Ehe-Porzellan
nicht zu zerschlagen*

Torsten und ich haben uns auf den ersten Blick verliebt. Knall auf Fall und bis über beide Ohren. Wir waren, was man »füreinander geschaffen« nennt. Wir haben rasch geheiratet und eine Familie gegründet. Wunderbare Kinder großgezogen. Lange Jahre haben wir so etwas wie eine Bilderbuchehe geführt.

Dabei hatte ich, bevor ich Torsten traf, ganz andere Pläne, und vielleicht hätte mir das eine Warnung sein sollen. Dass eben doch alles anders kommt, als man denkt. Dass man sich, wie Bertolt Brecht es einst so klug in seiner *Dreigroschenoper* formuliert hat, keinen Plan machen soll:

> Ja, mach nur einen Plan
> sei nur ein großes Licht!
> Und mach dann noch 'nen zweiten Plan
> gehn tun sie beide nicht.

Der erste Plan war Karriere. Es sah wirklich gut aus, ich war auf dem besten Weg, eine erfolgreiche Dramaturgin zu werden. Schon während meines Studiums hatte ich am Theater gearbeitet, an großen Häusern und mit namhaften Regisseuren.

Seit ich das Theater für mich entdeckt hatte, zog ich das langweilige Studium plötzlich ganz schnell durch, und auf einmal gab es nur noch eines: Kunst machen! Dramaturgin werden! Fürs Theater leben! Ich hatte mich dem mit Leib und Seele verschrieben, an Kinder oder Heirat verschwendete ich keinen Gedanken. Die Partner, mit denen ich während meines Studiums und der ersten Berufsjahre mal kürzer, mal länger zusammen war, sahen das genauso. Im vollen Brustton der Überzeugung verkündete ich also meinen Eltern eines Abends kurz vor Weihnachten: »Enkel könnt ihr euch abschminken!«

Die Armen! Noch heute bricht mir das Herz, wenn ich daran zurückdenke. In meiner Erinnerung haben meine Eltern die Hiobsbotschaft, die ich ihnen so gnadenlos ins Gesicht schleuderte, gefasst aufgenommen. Wenn ich mir heute vorstelle, eines meiner Kinder würde mir so etwas antun – ich würde weinend zusammenbrechen!

Vielleicht konnten meine Eltern aber auch deshalb so cool bleiben, weil sie an Bertolt Brecht dachten: »Mach nur einen Plan …« Sie kannten mich ja, wussten, dass ich schon viele Pläne geschmiedet hatte. Allerdings: So ernst wie mit dem Theater war es mir noch nie gewesen.

Als ich Torsten kennenlernte, war ich gerade mal neunundzwanzig Jahre jung und Chefdramaturgin an einem mittelgroßen Dreispartenhaus. Natürlich konnte es nur ein Theatermensch sein, der mir so dermaßen den Kopf verdrehte, dass ich all meine Vorsätze, all meine schönen Karrierepläne über den Haufen warf.

Ein halbes Jahr, nachdem ich meinen Eltern eröffnet hatte, ich wolle niemals Kinder bekommen, war ich schwanger und verlobt. Das Theater konnte mich mal gernhaben, alles, was ich wollte, war Nachwuchs.

Schuld daran war Torsten, der genau wie ich auf dem besten Weg war, Karriere in unserer Branche zu machen.

Im Grunde hätten wir Hand in Hand den Theaterhimmel erobern können, aber Torsten stellte sich seine Zukunft ganz anders vor als ich. Er hatte Familienpläne, was ungewöhnlich war für einen jungen Mann wie ihn – jedenfalls war er damals der erste Typ, der mir eröffnete, dass er sich Kinder wünsche. Das konnte ich zunächst nicht ganz ernst nehmen, ich fühlte mich auch gar nicht wirklich angesprochen, konnte mir nicht vorstellen, dass ausgerechnet ich seinen Traum Realität werden lassen sollte.

Eines Abends, wir waren gerade mal ein paar Wochen zusammen, aber längst hatte Torstens Zahnbürste einen festen Platz an meinem Waschbecken, fragte er mich, wie mein Leben wohl in zwanzig Jahren aussehen würde. Ich dachte kurz nach und antwortete halb im Ernst, halb im Scherz: »Ich werde allein in einer großen Altbauwohnung in Berlin leben, mit einem Hund, vielen Büchern und einem Alkoholproblem. Vielleicht habe ich wechselnde jüngere Lover.«

Diese Zukunftsvision hat sich in meinem Kopf festgesetzt, und das, was ich da aus einer Laune heraus gesagt hatte, wurde für mich eine zunehmend gruseligere Vorstellung.

Dieser Horrorvision hatte Torsten es zu verdanken, dass ich Ja sagte. Und meiner Liebe zu ihm natürlich. Denn die Vorstellung, eine traurige Frau mittleren Alters zu sein, die sich an einem Glas Wein festklammert, während sie auf die vielen toten Seiten Papier in ihrem Regal starrt, an ihrer Seite ein Hund – der einzige Gefährte, der ihr geblieben ist –, war und ist noch heute dermaßen beklemmend, dass ich alles unternahm und in Zukunft unternehmen werde, damit sich diese Prophezeiung nicht erfüllt.

(Tatsächlich ist es jetzt, zwanzig Jahre später, fast genauso gekommen. Okay, ich habe weder eine große Altbauwohnung in Berlin oder sonst wo noch ein Alkoholproblem. Auch die jüngeren Lover sind ausgeblieben. Bis jetzt! Aber Hund und viele Bücher – diese Vision hat sich erfüllt. Bald wird auch das zweite Kind ausgezogen sein, und dann wohne ich tatsächlich allein.)

Während ich diese Zeilen schreibe, blicke ich auf eine große Bücherwand. Mein Sohn ist in der Schule, ich bin allein im Haus, es ist ganz ruhig, nur unter dem Tisch schnarcht mein Hund. Ich bin weit davon entfernt, traurig oder frustriert zu sein, ganz im Gegenteil: Ich bin glücklich, erfüllt und sehr entspannt. Ob ich mir ein Glas Wein einschenke? Nein, lieber doch nicht, ich mache mir noch einen Tee.

Ich habe also Torstens Antrag und den Verlobungsring angenommen, obwohl ich verloben spießig fand. Genau wie heiraten. Aber du meine Güte, dachte ich, ich breche mir ja keinen Zacken aus der Krone. Torsten wird glücklich sein, und ich bin ja sowieso schon schwanger, also was soll's?! Aber wir feiern nicht, und seinen Namen nehme ich auch nicht an!

Wir haben natürlich doch gefeiert, es war ein wunderbares rauschendes Fest, ich war wahnsinnig glücklich und habe trotz meines Sechster-Monat-Bauchs bis in die frühen Morgenstunden getanzt.

Und seinen Namen habe ich selbstverständlich auch angenommen.

Mach nur einen Plan …

Unsere Tochter kam auf die Welt. Ich schwöre bis heute, dass ich ohne Torsten die Geburt niemals überstanden hätte. Es hat furchtbar lange gedauert (um ehrlich zu sein: durchschnittlich lang für eine Erstgebärende), und ich war verzweifelt, weil ich fest davon ausging, dass alle Frauen auf der ganzen Welt unter den schlimmsten Umständen Kinder bekommen können.

Nur. Ich. Nicht.

Ich habe mich in Torstens T-Shirt gekrallt, und er hat brav ein- und ausgeatmet, so wie wir es im Geburtsvorbereitungskurs gelernt hatten. Ich musste es ihm nur nachmachen – und irgendwann war unsere Tochter da. Das erste große Geschenk in meinem, in unserem Leben.

Das zweite, unser Sohn, kam in kurzem Abstand hinterher. Eine klassische Familie. Papa, Mama, zwei Kinder. Ein Junge, ein Mädchen. Ein blondes und ein dunkelhaariges Kind. Beide gesund, klug und fröhlich. Mehr Glück geht nicht.

Diese Zeit der Geburt, der ersten Wochen, Monate und Jahre haben wir so intensiv gemeinsam gelebt, sind eng zu einer Familie zusammengewachsen, dass mir immer noch die Tränen kommen, wenn ich daran denke (vom Blues wird später noch die Rede sein).

Wieso entwickeln sich Paare auseinander, wenn sie so etwas gemeinsam erleben und dabei glückselig sind?

Ich finde, dieses wertvolle Gefühl der Familienzusammengehörigkeit darf man nicht verlieren. Niemals würde ich die Erinnerung auf dem Altar der Trennung opfern. Das ist es doch, was Torsten und mich im Kern immer zusammenhalten wird. Der Kitt unserer Ehe ist leider brüchig geworden, aber der Ursprung unserer Liebe, der ist noch immer da.

Bei unserer standesamtlichen Hochzeit sagte der Standesbeamte nicht, dass wir »uns immer lieben sollen, bis dass der Tod uns scheidet«, nein, er wünschte sich ganz simpel von uns, dass wir uns »immer lieb haben«.

Rückblickend denke ich, er wusste genau, wovon er sprach, zumal er zu Beginn der Trauung erzählt hatte, dass er selbst zweimal geschieden sei. Heute stelle ich mir unseren Standesbeamten als glücklichen Menschen vor, als einen, der all seine Ehefrauen immer noch sehr lieb hat. Genau das wünsche ich mir von mir und Torsten: dass wir nicht vergessen, was war. Dass wir zu dem stehen, was wir da angezettelt haben, zwanzig Jahre zuvor. Es ist schwer genug, sich einzugestehen, dass wir es nicht über die ganz lange Strecke geschafft haben, die Strecke bis zum gemeinsamen Altern, bis zum Tod. Aber wie stünde ich vor mir da, vor allem aber vor den Kindern, wenn ich eingestehen müsste, dass das, woran ich damals so geglaubt habe, viele Jahre, zwei Jahrzehnte lang, eigentlich nicht mehr als eine hundsgemeine Lüge war?

Denn so wirkt es auf mich, wenn Menschen, die viel zusammen durchgestanden haben, in Wut und Abneigung auseinandergehen. Die der Überzeugung zu sein scheinen, dass das, was hinter ihnen liegt, nicht wahr war. Nicht echt.

»Haha!«, ruft Sabine bei einem unserer vielen Treffen, die wir haben, seit wir unsere Männer aus dem Haus verbannt haben. »Wenn alles so himmlisch war, wie du behauptest, warum hat sich Torsten dann eine Jüngere geholt? Und du, *by the way*, ein Burn-out?«

Gute Frage, nächste Frage. Lange ist alles gut gegangen. Wir sind, wie die meisten Paare, eher unbemerkt in eine Schieflage geraten.

Die ersten Jahre mit zwei kleinen Kindern waren anstrengend, aufregend, spannend. Die permanente Anstrengung, die sich aus viel zu wenig Schlaf, eingeschränktem Bewegungsradius, weniger Geld gegen mehr Pflichten und vielen Mehrbelastungen zusammensetzt, wird ausgeglichen durch das Glück, das man (meistens jedenfalls, alle anderen können hier eigentlich aufhören zu lesen) empfindet. Alles war neu, nichts war Alltagstrott. Noch!

Wir hatten immer das Gefühl: Das schaffen wir. Vor allem ich habe mich daran festgehalten, dass der Stress abnimmt, wenn die Kinder »aus dem Gröbsten raus« sind.

Aber erstens: Wann sind sie das?

Und zweitens: Dass wir dann im Gröbsten drin sind, wenn die Kinder raus sind, stand nicht auf meinem Zettel.

Ich hörte mit der Geburt unserer Tochter auf zu arbeiten. Familie und Theater, das war mit meinem Dramaturgen-Job nicht kompatibel. Manchmal habe ich bis zu sechzig, siebzig Stunden in der Woche gearbeitet, auch dann, wenn andere Feierabend haben – und ins Theater gehen. Am Abend, am Wochenende, am ersten und zweiten Weihnachtsfeiertag und an Silvester sowieso, da gab's eine Doppelvorstellung.

Torsten verdiente gut, sehr gut sogar, also stand es für uns beide außer Frage, dass ich erst einmal eine Auszeit nahm. Als der Zeitpunkt gekommen war, mich um eine Arbeit zu bemühen, wurde ich ein zweites Mal schwanger. In der Zeit begann ich trotzdem, mich beruflich neu zu orientieren – nicht fest angestellt, sondern selbstständig, aber frei von dem Zwang, unter allen Umständen Geld verdienen zu müssen.

Denkbar beste Bedingungen begleiteten mich: Mein Mann konnte unsere kleine Familie nicht nur locker allein finanzieren, er hatte auch so unregelmäßige Arbeitszeiten, dass er manchmal wochenlang zu Hause sein und mir den Rücken frei halten konnte. Was er auch sehr gut und gern machte. Torsten fütterte unseren Sohn mit abgepumpter Muttermilch, ging mit der Tochter zum Kinderschwimmen, während ich glücklich über meinen Drehbuchideen saß.

Ohne finanziellen Druck konnte ich mich also beruflich neu orientieren – was für ein Luxus!

In unserem Mietshaus wurde ein kleines Büro frei, das ich mir mit einem Kollegen teilte. Ich begann, tatsächlich fürs Fernsehen zu arbeiten, kleine Aufträge, nichts, was uns reich machte, aber es gab mir das Gefühl, dass ich mich in der neuen Branche etablieren und, wenn die Kinder größer wären, auch wieder Vollzeit arbeiten könnte.

Mach nur einen Plan …

War Torsten zu Hause, brachte er die Tochter in die Krabbelgruppe, später in die Kita und schuckelte unseren Babysohn mit dem Kinderwagen stundenlang durch die Gegend. Alles, damit die Mama Zeit und Muße hatte, um ihre Lektorate und Drehbücher zu tippen. Was für ein Leben! Es erschien mir alles so einfach, zwei Kinder und Beruf perfekt zu vereinen. Wenn ich nicht in meinem Büro schrieb, kümmerte ich mich um die Kinder. Mutter und Hausfrau zu sein machte mir mindestens ebenso viel Spaß wie meine Tätigkeit als Dramaturgin oder Drehbuchautorin.

Wenn ich zurückdenke, glaube ich, dass in der Befriedigung, die ich aus beidem, aus Familie und Beruf zog, auch das Problem lag. Beides habe ich hundertprozentig gemacht. Beides hat mich ausgefüllt. So sehr ausgefüllt, dass ich immer weniger in meinem Leben vorkam. Und immer weniger Ehefrau und Partnerin war.

Ich selbst, mit meinen Bedürfnissen, verschwand. Ging ganz in meinen wunderbaren Pflichten auf. Zeit für mich, Zeit für die Partnerschaft? Wozu? Manchmal heuerten wir natürlich Babysitter an, damit wir ins Kino verschwinden konnten. Oder essen gehen. Irgendwann aber wurden diese Abende unrentabel – fand ich. Wir bezahlten teuer dafür, dass wir zu zweit am Abend Geld ausgeben konnten. Wäre es nicht viel schöner und schnuckeliger, zu Hause zu kochen, den Kindern etwas vorzulesen oder *Augsburger Puppenkiste* zu schauen? Oder andere Paare mit Kindern zu uns einzuladen, damit sich die Kinder herrlich miteinander beschäftigen und wir Eltern unter dem Einfluss von Rotwein oder Prosecco sentimental den früheren Zeiten hinterherweinen konnten?

Es geschah nicht selten, dass so ein Abend dann damit endete, dass sich die Mädchen gemeinschaftlich mit der Kinderschere den Pony abschnitten oder ihren kleinen Brüdern das Gesicht mit Lackstift vollkritzelten, weil wir Erwachsenen ja so wunderbar mit uns selbst beschäftigt waren.

Mir hat das gereicht, ich hatte nie das Gefühl, mit meinen Bedürfnissen zu kurz zu kommen. Mein Bedürfnis war doch, dass alle glücklich sind! Allen voran die Kinder. Später auch der Hund. Torsten kam erst an dritter Stelle, weil ich, ohne es auszusprechen, dachte, er sei über unser Leben, das ich gestaltete, genauso glücklich wie ich. Gefragt habe ich ihn nicht, und gesagt hat er nur selten etwas.

Ich habe mich völlig aufsaugen lassen von dem Glück, das in der Aufgabe lag, Kinder großzuziehen und parallel dazu zu arbeiten.

Natürlich gab es auch alles, was das Leben mit Kindern so schwer macht. Durchwachte Nächte, Schreiattacken (der Kinder), Heulkrämpfe (der Mutter). Windpocken, die Suche nach einem Krippenplatz, die Frage, welche Windeln die besten sind, Auseinandersetzungen mit den eigenen Eltern, die unseren erzieherischen Laissez-faire-Stil einfach nicht unkommentiert lassen konnten. Aufregung über Erzieherinnen, die unsere bedauernswerten Kinder zum Mittagsschlaf oder aufs Töpfchen zwangen.

Aber wir haben alle Klippen umschifft. Und zwar gemeinsam! Torsten und ich waren uns immer einig. Wir sind uns noch heute, ein Jahr nach der Trennung, über die wesentlichen Fragen einig, so sehr, dass es mir manchmal selbst unheimlich ist.

Als unsere Tochter ein halbes Jahr alt war, wurde bei ihr Hüftdysplasie diagnostiziert. Der behandelnde Orthopäde malte ihre Zukunft in düstersten Farben (sie würde nur unter Schmerzen laufen können, gekrümmt und bucklig werden), wenn sie das entsprechende Korsett nicht tragen würde. Wir dackelten brav ins orthopädische Fachgeschäft, wo eine freundliche Dame sich nach Kräften bemühte, unserer Tochter unter heftigstem Gebrüll und Gegenwehr eine Plastikapparatur anzulegen, die aussah, als würde man normalerweise Rhesusäffchen für grauenerregende Tierversuche darin einspannen. Unsere Tochter konnte sich nicht zur Seite oder auf den Bauch drehen. Sie lag wie ein Käfer auf dem Rücken, das kleine Gesicht verheult, und starrte uns vorwurfsvoll an. Ohne Worte verließen wir den Laden, schoben den Kinderwagen in die nächste Hofeinfahrt und entfernten das Folterinstrument. Es war klar: so nicht!

Auf Anraten unseres Kinderarztes, der unsere Aktion

zwar nicht guthieß, uns aber dennoch mit alternativen Tipps versorgte, wickelten wir unsere Tochter fortan breit, trugen sie im Tuch mit im Neunzig-Grad-Winkel gespreizten Beinchen herum, und bei der nächsten Untersuchung war die Dysplasie komplett verschwunden. Heute hat unsere erwachsene Tochter eine kerzengerade Haltung und keinerlei Hüftprobleme.

Unser Sohn hatte dieses Problem glücklicherweise nicht, dafür quälte er sich (und uns) im ersten Lebensjahr durch sage und schreibe vierzehn Mittelohrentzündungen. Einmal war es so schlimm, dass grünlich gelbes Sekret aus den Ohren quoll. Selbstverständlich war es Wochenende. Der behandelnde Arzt in der Notaufnahme, der eine beängstigende Alkoholfahne hatte, beschloss, den Sohn stationär zu behandeln. Die Schwester wand mir den schreienden Säugling aus dem Arm, legte ihn in ein Bett und fixierte seine Ärmchen mit Lederriemen. Ehe wir protestieren konnten, jagte sie ihm eine Kanüle in die Stirn. Unser Widerspruch verhallte ungehört. Kaum hatte sie das Zimmer verlassen, entfernte Torsten die Kanüle aus der Stirn unseres wie am Spieß schreienden Kindes und schnürte die Lederriemen auf. Ich hob den Kleinen aus dem Bett, und wir verließen das Krankenhaus durch den Hinterausgang. Ohne ein Wort der Absprache.

Unser Kinderarzt, der auch diese Aktion nicht guthieß, verdrehte die Augen, als wir am Montagmorgen als erste Patienten vor seiner Praxis standen. Aber er behandelte das Söhnchen mit unserem Einverständnis, und schon wenige Tage später war von Mittelohrentzündung keine Rede mehr.

Oder der Tag, an dem ich einen Beinahe-Nervenzusammenbruch erlitt. Ich kam sehr spät abends nach einer anstrengenden Drehbuchabnahme völlig erschöpft nach Hause. Die Redakteurin, von anderen Autoren nur »Das Böse« genannt, hatte mein Skript in der Luft zerrissen. Und sie hatte nicht einmal versucht, ihre Kritik daran objektiv aussehen zu lassen. Sie war hundsgemein gewesen und sehr persönlich.

Torsten steckte mich ins Bett, versorgte mich mit heißer Milch und sagte klipp und klar: »Du schreibst nichts mehr für die Ziege. Wir schaffen das.«

Ich kündigte – obwohl wir Probleme hatten, unsere Steuern zu bezahlen, und Torsten selbst gerade keinen Job hatte. Aber ich liebte meinen Mann dafür, dass er mich nicht weiter in die Höhle des Löwen schicken wollte. Dass er keine Durchhalteparolen auf Lager hatte, sondern mich in meiner Verletzung und Krise ernst nahm. Und natürlich haben wir es geschafft. Wir haben es immer geschafft.

Zu dieser Sache schwieg unser großartiger Kinderarzt. Was hätte er auch sagen sollen? Er hatte fünf Kinder, und später erfuhr ich, dass er seine Frau für eine Jüngere verlassen hat. Seine Sprechstundenhilfe.

Ich könnte die Liste von Gelegenheiten, bei denen Torsten und ich stillschweigend Seite an Seite standen, beliebig fortsetzen. In den zwanzig Jahren unserer Beziehung gab es etliche Situationen, die wir in unausgesprochenem Einklang meisterten, während sich andere Paare sofort in die Wolle gekriegt hätten. Ob Krach mit Lehrern, die Entscheidung über ein Haustier, einen Umzug oder größere Anschaffungen – wir besprachen alles gemeinsam und entschieden immer in seliger Eintracht.

Das ist auch der Grund, warum ich keinen Scheidungskrieg will. Warum ich Torsten kaum Vorwürfe machen kann, auch wenn er mich betrogen hat. Weil ich keinen Stein in die zwanzig Jahre Eheporzellan werfen will. Weil das, was hinter uns liegt, ganz groß und kostbar und überwältigend war.

Und immer noch ist.

Wo war ich stehen geblieben? Genau: Wann lief unsere Ehe aus dem Ruder? Denn im Großen und Ganzen gestaltete sich das Leben als Künstler wirklich prima. Wir waren die erste Sandkasten-Latte-macchiato-Generation am Prenzlauer Berg. Alle anderen Eltern in der eigeninitiierten Krabbelgruppe der Kinder künstlerten ebenso wie wir vor sich hin. Architekten, Schauspieler, Grafiker. Wir hatten alle viel Zeit und etwas weniger Geld, aber das reichte damals noch ganz gut, um die Miete für die günstigen Altbauwohnungen zu berappen. Die Kinder bewarfen sich mit Sand, während wir glaubten, in naher Zukunft Fernsehen/Theater/Journalismus oder eine der vielen Nischenbranchen zu revolutionieren.

Familienleben? Alles *easy!*

Es lief so gut, dass wir uns auf der sicheren Seite des Lebens wähnten. Und anstatt an Bertolt Brecht zu denken, machten wir schon wieder einen Plan.

Wir kauften ein Haus. Mit sträflich wenig Eigenkapital und entsprechend hoher monatlicher Belastung. Ein Traumhaus, für »wenig Geld« von Freunden übernommen. Ein Schnäppchen. Eine Villa Kunterbunt. Ein riesiger alter Kasten mit viel Platz für die Kinder und einem Garten. Die Bank gewährte uns, den beiden Freiberuflern, einen hohen Kredit mit dem Argument: »Sie haben es in den letzten Jahren mit Ihrem unregelmäßigen Einkommen doch immer wieder geschafft. Das spricht dafür, dass Sie es auch weiterhin schaffen.«

Nun ja – was für eine Hypothek! Warum hat uns die Bankberaterin den Kredit nicht verweigert? Hätte sie uns nicht dazu raten können, dass wir die wenigen Kröten, die wir hatten, lieber aufsparen und anlegen sollten, weil es mit zwei Kindern und unseren unsicheren Berufen irgendwann ganz dicke kommen würde? Sie hätte damit vielleicht eine Ehe gerettet!

Wenn ich jetzt daran zurückdenke, kommt es mir so vor, als sei plötzlich alles gleichzeitig passiert. Mit dem Haus übernahmen wir noch mehr Pflichten. So ein großer alter Kasten will ja ständig in Schuss gehalten und darüber hinaus heimelig eingerichtet werden. Ich versuchte also, nicht nur die weltbeste Mama und Drehbuchautorin aller Zeiten zu sein, sondern auch noch das Haus perfekt einzurichten, mich um seine Instandsetzung zu kümmern und den Garten zu pflegen. Ich machte alles gleichzeitig. Immer in der irrigen Annahme, dass nur ich in der Lage sei, mit den Kindern Lego zu bauen, Handpuppen zu filzen, Plätzchen zu backen und Faschingskostüme selber zu nähen. Die Vorhänge für das Wohnzimmer auszusuchen. Eine Wildfruchthecke anzupflanzen und ökologisch korrekten Kompost zu sammeln.

Außerdem hatte mein Mann mittlerweile andere Sorgen. Er steckte in einer beruflichen Krise. Kaum hatten wir den Vertrag mit der Bank unterzeichnet, verlor er seinen Job. Aber wie hatte die freundliche Bankberaterin noch gleich gesagt? »Sie werden es auch weiterhin schaffen.«

Von wegen.

Die sieben Jahre in der Villa Kunterbunt waren herrlich. Und extrem schwierig. Wenn ich heute mit den großen Kindern darüber spreche, dann hört es sich an, als hätten wir im Paradies gelebt. Zumindest das tröstet mich: Es war Torsten und mir anscheinend gelungen, unsere existenziellen Probleme vor den Kindern zwar nicht zu verheimlichen, aber auch nicht zu dramatisieren.

Neulich habe ich mich mit unserer großen Tochter darüber unterhalten, wie sie sich ein Studium finanzieren könnte. Meine Tochter macht sich darüber anscheinend keine Sorgen, denn sie grinst mich an und sagt: »Ach Mama, wenn ich eines bei euch gelernt habe, dann das: Man kann immer pleite sein und trotzdem ein super Leben haben!« Ich bin aus dem Stand in Tränen ausgebrochen.

Die Kinder also fühlten sich wie im Paradies. Wir waren in der Nachbarschaft die Ersten mit einem riesigen Trampolin im Garten. Außerdem hatten wir viel mehr Platz als alle anderen. Auf dem großen Dachboden standen die alte Carrera-Bahn von Torsten, Kisten mit Lego und Playmobil, Kisten mit Kostümen zum Verkleiden. Unten in der Küche stand ich und machte Marmelade oder buk mit den Kindern Plätzchen. Torsten kochte Nudeln oder Pizza für die Kinderhorden, die durch unser Haus zogen.

Jedes Wochenende verbrachten wir gemeinsam mit Freunden und deren Kindern, unternahmen Ausflüge ins Umland, mit dem Rad oder zu Fuß, gingen zum Schlittenberg oder zum Eislaufen.

Unsere Kinder halten das rückblickend für das Paradies, für besser als Ikeas Småland. Ich fand auch, dass es das Paradies war, denn ich war dann glücklich, wenn die Kinder glücklich waren. So schaffte ich es, lange zu ignorieren, dass es außerhalb unseres Familienlebens alles andere als rosig lief.

Torsten schlug sich tapfer durch die stürmische See des Berufslebens, kämpfte mit dem zunehmenden finanziellen Druck, der durch das Haus auf uns lastete. Er sehnte sich nach Veränderung – verständlich –, aber ich konnte mich darauf nicht einlassen. Unglück hin oder her – der Kredit musste abbezahlt werden. Torsten hatte zunehmend das Gefühl, mit seinen Sorgen und Nöten allein dazustehen. Für mich war nur eines wichtig: Es musste weitergehen. Ganz egal, wie.

Als wir immer öfter Schwierigkeiten hatten, die monatlichen Raten zu bedienen, nahm ich schließlich einen Vollzeitjob an. Ich verdiente sehr gut, sodass Torsten die Möglichkeit hatte, sich in seinem Beruf selbstständig zu machen. Mit fast vierzig. Aber er hatte eine Geschäftsidee und eine Vision, bekam ein Jahr lang Existenzgründerzuschuss, also fanden wir beide, dass es einen Versuch wert war.

Die Kinderversorgung teilten wir uns. Ich stand morgens mit den beiden auf, unsere Tochter wackelte in die nahe gelegene Schule, den Sohn brachte ich in die Kita. Mein Mann hatte seinen Job in eine Drei- bis Vier-Tage-Woche aufgeteilt, dafür arbeitete er Doppelschichten. An zwei Nachmittagen in der Woche mussten die Kinder fremdbetreut werden, was praktisch nie gut ging. Ein Kindermädchen nach dem anderen sprang ab. Zweimal die Woche war den meisten nicht lukrativ genug, aber mehr Fremdbetreuung konnten wir uns nicht leisten. Außerdem wohnten wir zu weit draußen. Also probierten wir es über Freunde, die unsere Kinder mit zu sich nach Hause nahmen. Auch das klappte nicht. Weil Kinder krank werden oder Läuse bekommen oder mal die letzte Stunde ausfällt und dann niemand so flexibel ist, sich schnell mal ins Auto zu setzen. Die Großeltern, die sich gern gekümmert hätten, wohnten weit weg.

Kurz: Wir führten ein ganz normales Familienleben wie andere Menschen auch. *Good-bye*, Prenzlauer-Berg-Boheme!

Ganz gleich, mit wem ich rede, mit Paaren, die beide Fulltime arbeiten, oder die Frau arbeitet Teilzeit – andersherum gibt es in meinem Bekanntenkreis leider nicht –, mit Alleinerziehenden oder Freunden, die auch noch ihre Eltern pflegen: Ausnahmslos alle kennen diese Problematik. Aber noch immer gibt es zu wenig Betriebskindergärten, Krippenplätze, Horte und Ganztagsschulen. Warum? Vermutlich, weil es in der Politik zu wenig Frauen mit Kindern gibt. Und warum das? Genau. Die Katze beißt sich in den Schwanz.

In dieser Zeit hatten wir eine Großbaustelle am Haus, ich musste operiert werden, die Nachmittagsbetreuung in der Grundschule fiel dem Berliner Sparhaushalt zum Opfer.

Das Leben also. Die berühmte *quality time* fand höchstens noch am Wochenende statt. Nichts funktionierte mehr einfach so. Torsten und ich rieben uns auf im Hamsterrad. Zeit für uns? Selten bis gar nicht. Unter der Woche folgte das Leben einem straffen Plan: Morgens musste es immer schnell gehen: »Aufstehen, frühstücken, Zähne putzen, anziehen!« Zu schnell für einen Vierjährigen, der sich in seiner Strumpfhose verheddnerte, und eine Sechsjährige, die sich die Zöpfe noch nicht selbst flechten konnte. Es gab fast jeden Morgen Tränen, nicht selten bei mir.

Am Abend dann das Ganze rückwärts: »Abendessen, ausziehen, Zähne putzen, ab ins Bett!« Wenn ich überhaupt so früh nach Hause kam, dass die beiden noch auf waren. Manchmal war es so spät, dass ich mich nur noch ins Zimmer schleichen und meinen schlafenden Kindern einen Kuss auf die Wange drücken konnte.

Für Torsten galt das Gleiche. Er kam manchmal in den frühen Morgenstunden nach einer Zwölf-Stunden-Schicht in seinem Geschäft todmüde nach Hause, legte sich kurz hin und schwang sich dann wieder aufs Fahrrad, um zu einer weiteren Doppelschicht aufzubrechen.

In jener Zeit haben wir uns aus den Augen verloren. Es war mir unmöglich, mich darum zu kümmern, wie es Torsten ging. Ich hatte mit mir zu tun. Mit den Kindern. Mit der Arbeit. Meine Zeit war komplett aufgeteilt und ausgefüllt, mir blieb keine Energie mehr für irgendetwas.

Torsten erging es nicht anders. Wir haben auch oft genug darüber gesprochen, aber wir schafften es nicht, uns aus dem Kreislauf zu befreien. Kenne ich andere Paare, die es besser gemacht haben? Wenn ich ehrlich bin: nein. Nicht ein einziges. Entweder haben sich die anderen Paare früher oder später auch getrennt und ihr Glück in anderen Partnerschaften gesucht, oder sie haben es durchgezogen. Oftmals mehr schlecht als recht. Bei einigen ist einfach Ruhe eingekehrt, nachdem die Kinder aus dem Haus waren. Manche verharren in gegenseitiger Abneigung in ihrer Ehe.

Wie oft begegnen mir alte Menschen, die im Umgang mit ihrem Partner genervt und ungeduldig sind! Die ganz offensichtlich die Schrullen, Macken und Gebrechlichkeiten des anderen nicht mehr aushalten. Neulich zum Beispiel, im ICE von München nach Berlin: Ein Ehepaar besteigt in Nürnberg den Zug. Beide Ende siebzig, Anfang achtzig. Die Frau sehr elegant und energisch, der Mann ziemlich wackelig auf den Beinen. Sie eilt voraus durch den Gang, nimmt die reservierten Plätze in Beschlag. Er folgt mit einem großen Koffer. Das dauert. Weil der Gang nicht frei ist und er zu schwach, um schneller zu gehen.

Als er die gemeinsamen Plätze endlich erreicht, hat seine Frau bereits ihre Jacke ausgezogen und das Tischchen heruntergeklappt. Man sieht ihr an, dass sie ungeduldig ist. Ihr Mann schaut sich um – es gibt keinen Platz für den großen Koffer. Alles ist voll. »Na, was ist denn?«, fragt die Frau ungeduldig. Er will antworten, aber sie schneidet ihm das Wort ab. »Der Koffer!«, blafft sie ihn an und deutet auf die Ablage über ihren Köpfen. Hilfe suchend schaut sich der Mann um, während sich seine Frau kopfschüttelnd und verärgert auf ihren Platz setzt. Für alle Mitreisenden ist es offensichtlich, dass der alte Herr den Koffer niemals dort hinaufbugsieren kann. Für alle – außer für seine Frau. Ein kräftiger junger Mann erbarmt sich und bietet seine Hilfe an. Sofort schießt die Frau von ihrem Sitz hoch, bedankt sich bei dem Helfer und schiebt hinterher: »Mein Mann stellt sich immer so an.« Da steht er, der arme Mann, blamiert bis auf die Knochen. Und nicht genug, seine Ehefrau beginnt, an seiner Jacke die Knöpfe zu öffnen, als sei er nicht einmal dazu in der Lage.

Ich beobachte die Szene voll Abscheu. So will ich nicht werden! Der Mann tut mir furchtbar leid. Aber am meisten schockiert mich die Erkenntnis: So würde ich mit Torsten auch umspringen. Unzufrieden, genervt, ungeduldig. Wäre es mit uns im Alter ebenso gekommen? Oder hätten wir das Ruder herumreißen können?

Wir haben schon damals gemerkt, dass wir als Paar nicht mehr so glücklich waren, wie wir es einmal waren. Aber anstatt einmal innezuhalten, »Stopp!« zu rufen und uns vielleicht sogar Hilfe zu holen, suchten wir unser Glück außerhalb – in der Flucht.

Wir verließen Berlin und gingen nach Bayern. Ich war dort aufgewachsen und hatte nach fünfundzwanzig Jahren schreckliche Sehnsucht. Außerdem lebten meine Eltern dort, und mein Vater war sehr krank geworden. Bayern, das weiß-blaue Land von Schweinebraten und hohem Bildungsniveau, von Reichtum und funktionierender Infrastruktur, verhieß Torsten und mir die Rettung von allem Unbill der maroden Großstadt Berlin. Der wir insgeheim die Schuld an unserer permanenten Überforderung gaben. Zu viel Verkehr, zu viele Menschen, immerzu schlecht gelaunt. Die Busfahrer fuhren einem vor der Nase weg, der Radverkehr auf der Schönhauser Allee war lebensgefährlich, den Kinderwagen konnte man nicht in der Hofeinfahrt stehen lassen, wollte man nicht anschließend entweder eine tote Ratte oder den Inhalt eines Aschenbechers darin finden (ja, ist uns alles passiert). Hundekot auf den Straßen, Bettler in der S-Bahn – wer soll da noch glücklich und entspannt sein?

Die Antwort unserer Tochter auf unsere Umzugspläne gab schließlich den finalen Startschuss: »Au ja, wir ziehen dahin, wo es ruhig und grün ist! Zu Oma und Opa!«

Tatsächlich haben beide Kinder immer gern Ferien in Bayern gemacht, und unsere Tochter zog mit wehenden Fahnen in den Süden (der Sohn, etwas jünger, musste mit dem Versprechen auf immerwährenden Pizza-Pasta-Italien-Urlaub und Schweinebraten mit Knödeln gelockt werden).

Torsten glaubte, dass sein Geschäft im vermögenden München ohnehin viel besser funktioniere als in Berlin, der Stadt, die arm, aber sexy ist.

Unser Haus in Berlin verkauften wir mit ziemlich hohem Verlust, was den Umzug nicht einfacher machte. Und auch sonst, das merkte ich schnell, waren wir unseren Binnen-Problemen nicht entkommen. Der einzige Unterschied: Der Himmel strahlte weiß-blau auf uns hernieder, und ich wurde zum Oktoberfest-Fan.

Meine Eltern halfen, wo sie konnten, und ich ärgerte mich, dass wir nicht in ihrer Nähe gewesen waren, als wir sie noch viel mehr gebraucht hatten.

Auch in dieser Hinsicht ist man als Jungmensch manchmal etwas naiv. Kann in der Selbstfindungsphase das Elternhaus nicht weit genug weg sein, tut man später gut daran, sich Gedanken über die Betreuungssituation der Kinder zu machen. Wir jedenfalls hätten viel Geld und Nerven gespart, wenn wir bereits früher auf die Hilfe von Oma und Opa hätten zurückgreifen können.

(Hm. Ich bin nicht sicher, ob ich diese Behauptung so stehen lassen kann. Geld gespart hätten wir sicherlich. Aber Nerven? Ich denke an tränenreiche Diskussionen mit meinem Vater, der uns vorwarf, dass wir die Kinder zu sehr verwöhnten. Dass ich nicht härter durchgriff. Dass der Sohn zu viel Computer spielte und die Tochter zu oft vor der Glotze hing. Letzten Endes ist es, wie es ist, und hier kommt wieder Sabine ins Spiel, die fröhlich flötet: »Hätte, hätte, Herrentoilette!« Also besser nicht darüber nachdenken, was gewesen wäre, wenn.)

Der Umzug machte die Familiensituation nicht einfacher, aber auch nicht schlechter. Wir fühlten uns tatsächlich alle sehr wohl, wohnten idyllisch am Waldrand und verliebten uns in die Brote der Hofpfisterei. Aber Kinder werden größer, sie werden Teenager und kommen in die Pubertät, sie kommen mal besser, mal schlechter mit dem bayerischen Gymnasium zurecht, sie tragen Zahnspangen, müssen zum weit entfernten Sportverein kutschiert werden und haben vor allem weder Hort noch Ganztagsbetreuung. Für mich bedeutete das: Ich musste am Mittag kochen. Jeden Mittag. Mein Arbeitstag schrumpfte auf ein paar wenige Stunden am Vormittag, was mich nicht gerade entspannter werden ließ.

Zum Hund kommt ein alter Kater, der Garten unseres Mietshauses wird nicht kleiner, sondern größer, und schließlich verschlimmert sich der Zustand meines Vaters so sehr, dass ich meine Eltern tatkräftig unterstützen muss – und möchte.

Außerdem werden die finanziellen Belastungen in Bayern nicht gerade weniger. Und wie kann es anders sein? Als es hart auf hart kommt, verliert Torsten sein Geschäft. Seine Perspektive. Und wir unsere Hoffnung.

Schon sind wir wieder in der Spirale gefangen, die uns auch in Berlin auseinandergetrieben hat: Er wünscht sich seelische Unterstützung, ich bin überfordert.

Er will reden, ich will machen.

Er vermisst uns Paar, ich weiß nicht einmal mehr, wer ich selbst bin.

Aber wir machen weiter, immer weiter, schließlich gibt es nach wie vor viel Schönes in unserer Welt. Die gemeinsamen Spieleabende. Die Urlaube mit den Kindern. Gemeinsames Langlaufen lernen, weil wir die Loipe direkt vor der Tür haben. Neue, tolle Freunde. In den Bergen wandern. Zusammen kochen. Hand in Hand spazieren gehen und abends bei Rotwein gemeinsam vor dem Fernseher einschlafen.

Ich habe zu diesem Zeitpunkt, drei Jahre vor unserer Trennung, noch das Gefühl, dass wir nur eine Phase durchmachen. Eine schwierige Phase. Die zwar schon ein bisschen länger andauert, aber was sind schon drei, vier, vielleicht fünf anstrengende Jahre im Vergleich zu den vielen Jahren, die noch vor uns liegen? Eben.

Denn dass ich mit Torsten alt werden möchte, steht für mich zum damaligen Zeitpunkt außer Frage. Ich bin der Überzeugung, dass es deshalb schwierig zwischen uns ist, weil wir beide selbstständig arbeiten. Weil wir immer wieder wirtschaftliche Probleme haben. Weil wir nie wissen, wie es beruflich mit uns weitergeht. Weil wir keine Erben sind und keine Rücklagen haben. Eine Altersvorsorge sowieso nicht. Weil wir mit unseren unregelmäßigen Einkommen all das stemmen müssen: das Haus im Münchener Vorort, zwei Kinder, Hund und Katze.

Kurz: Ich bin mir ganz sicher, dass das, was sich als seismische Störung in unserer Ehe bemerkbar macht, materielle Gründe hat. Und ich bilde mir ein, dass alles besser wird, sobald die Kinder aus dem Haus sind. Wenn wir in eine kleine Wohnung ziehen können, wenn Bafög uns vielleicht einen Teil der finanziellen Belastung von den Schultern nimmt, wenn wir – wider Erwarten – doch mit unserer Arbeit erfolgreicher und, wenn schon nicht reich, so doch zumindest ein gutes Auskommen erzielen werden.

»Du bist ja so was von naiv«, stöhnt Sabine. »Nils hatte immer ein gutes Gehalt, ich habe auch gut verdient, trotzdem gab es bei uns genauso Probleme. Also das kann ich dir sicher sagen: Am Geld liegt es nicht.«

Ich pflichte Sabine bei, weil ich finde, dass sie recht hat – was ihre Ehe angeht. Nils war in meinen Augen schon immer ein Egomonster, der sein Sportprogramm, seinen Schafkopfabend und die nächtlichen Überstunden rigoros durchzog, ganz egal, ob Sabine mit den Nerven fertig war, weil beide Kinder gleichzeitig Windpocken hatten oder sie früher aus ihrer Arbeit wegmusste, um ein Kind aus der Kita zu holen.

Nein, was ihre eigene Ehe betrifft, hat Sabine bestimmt recht. Am Geld hat es nicht gelegen. Aber bei uns, so bilde ich es mir wenigstens ein, bei uns ist alles anders – oder?!

Torsten sieht das wie Sabine. Er will tiefer graben, will nicht wahrhaben, dass der Grund für die Schwierigkeiten in unserer Ehe so banal sein soll, aber ich habe dafür keine Nerven und keine Zeit. Außerdem denke ich ja: Das wird schon wieder! Ich weiß, dass er mit der Situation nicht glücklich ist, und bin überzeugt, ihn dazu zu kriegen, so wie ich an eine bessere Zukunft zu glauben. Unsere Vergangenheit, unsere *gemeinsame* Vergangenheit als Paar und mit den Kindern, war so großartig, so wunderbar und hat meinem Leben erst richtig einen Sinn gegeben, dass der Gedanke, das alles könnte tatsächlich einmal Vergangenheit sein – und *nur* Vergangenheit –, für mich absolut undenkbar war.

»Wisst ihr, warum wir uns so gern mit euch treffen?« Torsten und ich sehen uns an, zucken ratlos die Schultern. »Weil ihr so ein super Paar seid!« Jens und Veronika strahlen uns an. Wir sind jetzt seit vier Jahren in Bayern, seit vier Jahren mit den beiden befreundet, die uns nicht in unseren glücklichen Anfangsjahren erlebt haben.

Mein Mann und ich werden augenblicklich verlegen, vielleicht auch ein bisschen rot. Ich greife instinktiv nach Torstens Hand und drücke sie. Sind wir das? Ein super Paar? Immer noch?

Ich finde schon, mit Abstrichen. Wir lieben uns doch!

Wir sind zum damaligen Zeitpunkt siebzehn Jahre verheiratet, haben tolle Kinder, einen großen Freundeskreis, ähnliche Interessen, den gleichen Humor, und wenn wir unterwegs sind, halten wir sehr oft Händchen.
Perfekt!
Dass ich manchmal unglücklich und überarbeitet bin und seit zehn Jahren an Tinnitus leide, blende ich aus. Auch, dass es im Bett nicht mehr so läuft und Torsten oft und immer öfter deprimiert ist, schiebe ich zur Seite. Ich will so gern an das Glück glauben, an unser Glück. Und mein Mann doch auch, oder?!
Dass er zu diesem Zeitpunkt bereits mit einer anderen schläft, davon ahne ich nichts.

»Wie geht es Ihnen sonst so?«, fragt mich meine Frauenärztin bei der Routineuntersuchung ein paar Tage nach dem Treffen mit Jens und Veronika. Statt einer Antwort fange ich an zu heulen. Aber nicht nur ein paar Tränchen. Ich heule, ohne wieder aufhören zu können. Ich bringe kein Wort heraus und schäme mich gleichzeitig ganz entsetzlich. Eigentlich ging es mir heute doch ganz gut, oder?
Meine Frauenärztin wartet geduldig, bis die letzten Tränen versiegt sind, und fragt dann noch einmal sehr behutsam nach meinem Befinden. Ich erzähle ihr, wie es ist – eigentlich nichts Besonderes. Bloß dass ich irgendwie fix und fertig bin. Kinder, Haushalt, Job – mir war gerade alles zu viel.
Die Diagnose fällt eindeutig aus: akutes Belastungssyndrom. Die Ärztin – sie ist in meinem Alter – rät mir, mehr für mich zu tun. Mir Freiräume zu schaffen. Vielleicht sogar eine Gesprächstherapie zu machen.
Ich sage brav zu allem Ja und Amen, nehme mir fest vor, all ihre Ratschläge zu beherzigen, und verkünde zu Hause

ganz großartig, dass ich mir ab sofort am Nachmittag eine halbe Stunde »Sofapause« nehmen werde. Eine halbe Stunde, in der mich niemand ansprechen dürfe und in der ich weder ans Telefon gehen noch die Geschirrspülmaschine ausräumen werde.

Alle finden, dass das eine gute Idee ist, und ich komme mir sehr heldenhaft vor. Eine halbe Stunde! Einfach so, mitten am Tag! Nur für mich!

Tatsächlich ändert sich für mich etwas. Allein die Tatsache, dass ich eine halbe Stunde Auszeit nehmen kann, ohne dass irgendetwas zu Hause zusammenbricht, zeigt mir, dass mein Problem hausgemacht ist. Zwar bin ich nicht allein schuld an meiner Überforderung, das weiß Gott nicht, aber ich habe die Rolle der perfekten Hausfrau und Mutter klaglos angenommen. Dabei, so stelle ich nun fest, geht es durchaus auch mal ohne mich.

Ich liege nun also eine halbe Stunde täglich auf dem Sofa, rätsle Sudoku, trinke Tee oder döse vor mich hin. Am Anfang war es nicht einfach, liegen zu bleiben, wenn die Waschmaschine im Keller piepsend signalisierte, dass sie gern geleert werden mochte. Oder wenn das Telefon klingelte, der Anrufbeantworter ansprang und jemand um dringenden Rückruf bat. Wenn ein Familienmitglied laut klappernd und leise fluchend in der Küche etwas suchte, von dem mal wieder nur ich wusste, wo es war. Aber ich trainierte hart, blieb liegen, und schon ein paar Wochen später war die Sofapause aus meinem Leben nicht mehr wegzudenken.

(Ich mache die Sofapause noch heute. Obwohl ich jetzt die Freiheit habe, mich hinzulegen, wann und wie lange ich will, schmeiße ich mich um dieselbe Uhrzeit wie früher aufs Sofa und genieße. Jetzt noch ein bisschen mehr.)

Als ich meiner Freundin Julia, die damals noch kinderloser Single ist, von meiner neuen Lebensqualität erzähle, fällt diese aus allen Wolken: »Wie, eine halbe Stunde? Du hattest nicht mal eine *halbe* Stunde Zeit für dich?« Sie kann es nicht fassen, und ich merke, wie sehr unsere Lebenswelten auseinanderklaffen. Julia liest jede Woche ein Buch, nur so als Beispiel. Und die dicke *Zeit*. Sie geht regelmäßig ins Kino und zweimal die Woche ins Fitnessstudio. Dabei ist sie in leitender Position eines Unternehmens und arbeitet wirklich viel. Wenn ich mir früher (in meinem sofapausenlosen Leben) eine Auszeit gegönnt habe, dann hieß das, dass ich in der Küche bei einer gemütlichen Tasse Kaffee darüber nachgedacht habe, was ich in den nächsten Tagen kochen werde.

Das. Ist. Keine. Auszeit.

Die Sofapause hat mir Hoffnung gegeben. Die Hoffnung, dass sich etwas ändern könnte, die Hoffnung auf mehr Entspannung in meinem Leben und damit auf mehr Lebensqualität. Vielleicht auch Lust auf Sex.

Das ist – Achtung, Binsenweisheit! – nicht nur für mich ein Problem. Wo immer ich mich umhöre, bei allen Frauen, Männern, Paaren in meinem Bekanntenkreis: Sex ist nicht mehr der, der er mal war. Männer vermissen ihn, Frauen wollen nicht mehr so oft. Punkt. So simpel ist es. Die wenigen Ausnahmen kann ich an einer Hand abzählen. Artikel in Frauenzeitschriften zum Thema überblättere ich, weil ich mich dadurch noch mehr unter Druck gesetzt fühle. *Wie Sie wieder Spannung in Ihr Liebesleben bringen. Lassen Sie sich etwas einfallen! Überraschen Sie ihn! Machen Sie sich hübsch, kaufen Sie sich etwas Reizendes, denken Sie sich etwas aus, Tantra, Dreier, Sex-Toys –* immer ist es die unterschwellige Aufforderung, dass wir etwas *tun* müssen, NOCH MEHR TUN müssen!

Die Vorstellung, auch noch leistungsfähig zu sein, wenn die Kinder im Bett sind, löst bei mir noch mehr Stresspanik aus. Stattdessen kuschele ich gern, ab und zu darf es auch mehr sein, aber nur, wenn Torsten mich in meinem Schlafanzug sexy findet (was er, das sei zu seiner Ehrenrettung gesagt, auch tut. Immer!).

Fakt ist – ich habe keinen Rückzugsort. Außer meinen Körper. Keinen Raum für mich, nichts, auf das andere nicht auch einen Anspruch hätten. Überall, auf jedem Gebiet, mit jeder Faser meines Lebens, erfülle ich meine Pflicht. Irgendwo ist auch mal Schluss. Wenn ich abends ins Bett krieche, möchte ich nicht mehr für andere da sein. Für niemanden. (Jedenfalls an den meisten Abenden. Natürlich gibt es Ausnahmen, siehe oben.) Das ist bitter für meinen Mann, und es hilft ihm gar nicht, dass ich beteuere, es sei nichts Persönliches.

Ich finde Torsten noch immer sehr attraktiv. Er ist ein toller Typ, in sexueller Hinsicht hat es schon immer zwischen uns gestimmt. Aber ich kann mich – im wahrsten Sinne des Wortes – nur noch selten öffnen. Ich mag nicht mehr bereit, verführerisch, liebevoll oder weiß der Teufel was noch sein. Ich mag mich in meinem Schlafanzug zusammenkuscheln, die Decke über die Ohren ziehen und Kraft tanken für den nächsten Tag.

Das ist ein Beziehungskiller. Und ich wundere mich nicht, warum Partner dann fremdgehen. Das gilt für Männer wie für Frauen. Männer haben allerdings oft dann keine Lust auf Sex mehr, wenn sie im Beruf überlastet sind. Für Frauen, die Kinder haben, ist es häufig die Dreifachbelastung: Hausfrau, Mutter *und* Beruf.

Kurz mal drüber nachdenken.

Sacken lassen.

Ganz simpel: Wer mehr Entlastung hat, ist weniger erschöpft. Wer weniger erschöpft ist, hat mehr Lust auf Sex.

Schreibt euch das hinter die Ohren, Jungs. Wascht eure Wäsche selber, geht zum Elternabend und denkt an die Termine beim Kieferorthopäden. Und zwar nicht erst, wenn wir euch darum bitten, es zu tun. Nur so als Anregung.

Erfreulich in dem Zusammenhang ist das Ergebnis meiner absolut nicht repräsentativen Umfrage im Freundeskreis: Die Frauen, die eine Trennung hinter sich haben, werden wieder sexuell aktiv. Von sich aus. Sie haben wieder Lust und Appetit. Ihre sexuelle Aktivität steigt dann tatsächlich auch wieder an – mit oder ohne festen Partner.

Nun, ich hoffe jedenfalls, mit meinen Sofapausen zur Entspannung beizutragen und so meine Sexualität wiederzubeleben, aber dazu kommt es nicht mehr, denn genau zu jener Zeit sagt mein Mann – wir sind endlich in der jüngeren Vergangenheit angekommen – den folgenschweren Satz: »Ich habe eine Freundin.«

Und er geht sogar noch weiter: »Ich habe mich verliebt.«

Ein Satz wie ein Beilhieb. Selbst mit einem Jahr Abstand kann ich mich kaum noch daran erinnern, wie ich es geschafft habe, die zwei Wochen nach diesem Satz zu überstehen.

Morgens aufzustehen, Frühstück machen, Pausenbrote schmieren, mich duschen, schminken und einen Acht-Stunden-Tag im Büro überstehen (dummerweise habe ich gerade in der Zeit wieder eine Urlaubsvertretung beim Fernsehen angenommen. Wäre ich, wie üblich, mit der Arbeit an einem Roman beschäftigt gewesen, könnte ich mich ja so richtig gehen lassen). Die Kollegen nichts merken lassen. Mir fröhliche Geschichten ausdenken. Mit voller Power arbeiten. Den Kindern nicht zeigen, was los ist, denn: Vielleicht stimmt das ja gar nicht? Vielleicht geht es vorbei? Warum die Kinder belasten, wenn das Ganze nur ein böses Trugbild ist? Wenn sich mein Mann in eine Sache verrannt hat, die bei näherer Betrachtung gar keine Gefahr für unsere Ehe darstellt?

Natürlich denke ich als Erstes an Sabine. Daran, dass sie Nils noch in derselben Nacht aus dem Haus geschmissen hat. Warum kann ich das nicht, verdammt? Liegt es daran, dass sie Nils ertappt hat, wohingegen Torsten mir von sich aus alles gestanden hat? Macht das tatsächlich einen Unterschied?

Ich bin irgendwie nicht wütend genug auf Torsten, ich bin einfach nur komplett von der Rolle.

Torsten beteuert, dass er mich liebt und mit mir zusammenbleiben möchte, aber davon will ich nichts hören. Ich will weder in seine traurigen Augen blicken müssen, die mir suggerieren, dass er derjenige ist, der am meisten leidet – unter seinem Doppelleben nämlich –, noch will ich Details wissen. Wer die Frau ist, wo er sie kennengelernt hat, wo sie wohnt, wie alt sie ist – ich will es nicht wissen. Will nicht, dass meine Fantasie Bilder produziert. Auch will ich mir keinen Gegner suchen, der eigentlich nur mittelbar mit meiner Familie zu tun hat: die Neue. Ich muss mich an Torsten abarbeiten – niemand, nicht einmal »die andere«, hat ihn gezwungen, fremdzugehen. Hat ihn gezwungen, mich drei Jahre lang zu belügen.

Das Geständnis ist so ungeheuerlich, so infam, so unfassbar, dass ich weder reden noch darüber nachdenken will.

Stattdessen heule ich mir eine Woche lang die Seele aus dem Leib.

Natürlich gehen wir in dieser Zeit nicht stumm aneinander vorbei, schließlich leben wir in einem Haushalt, aber jeder Ansatz eines Gesprächs endet in Anschuldigungen, im Streit. Ich erkenne nicht nur Torsten nicht wieder, ich erkenne *uns* nicht wieder. Nie sind wir so miteinander umgegangen. Ich finde die Streiterei würdelos, das sind nicht wir.

Nach einer Woche mache ich einen letzten Versuch. Ich sage Torsten klipp und klar, dass ich ihn liebe. Dass ich mit ihm alt werden möchte. Dass ich an dieser Ehe festhalten wolle. Damit spiele ich den Ball zu ihm.

Ich möchte, dass wir uns Hilfe holen, weil ich glaube, dass wir es selbst nicht schaffen, uns aus der verfahrenen Situation zu manövrieren. Jedes Gespräch endet in gegenseitigen Vorwürfen: »Du hast …« »Aber du hast immer …« »Nein, du …« Meiner Meinung nach kommen wir ohne Hilfe nicht weiter.

Also frage ich Torsten, ob wir eine Eheberatung brauchen oder eine Trennungsberatung.

Er schaut mich traurig an, womit für mich das Ende unserer Ehe besiegelt ist.

Torsten hat die ausgestreckte Hand nicht angenommen, weil es zu spät war. So wie ich all die Jahre seine Gesprächsangebote nicht annehmen konnte.

Mehr kann ich jetzt nicht tun. Ich bitte ihn, für eine psychologische Beratung zu sorgen und es den Kindern zu sagen. Ich möchte nicht der Überbringer der schlechten Botschaft sein.

»Warum hast du denn nicht gekämpft?«, fragt mich Julia ein paar Tage später fassungslos. Ich schaue Sabine an, doch Sabine schüttelt nur den Kopf. Kämpfen, das war für uns beide keine Option.

Warum soll man kämpfen, wenn der Ehemann einen jahrelang betrogen hat? Mit welchen Mitteln soll ein solcher Kampf geführt werden? Wenn Torsten die ganze Zeit über nicht verstanden hat, dass ich in jedem Fall die bessere Wahl gewesen wäre, wie soll ich es ihm jetzt beweisen, jetzt, wo es zu spät war?

Außerdem: Dazu, dass in unserer Ehe die Paarprobleme überhandnahmen, dass ihm unsere Ehe keinen Halt mehr gab und Torsten überhaupt das Bedürfnis verspürte, fremdzugehen, habe ich genauso beigetragen wie er. Warum sollte ich diese ungeklärte Situation zurückhaben wollen?

Torsten hat keinen Schritt auf mich zugemacht, als ich ihm sagte, dass ich an der Ehe festhalten wolle. Auch Nils nicht, er hat sich von Sabine einfach aus dem Haus schmeißen lassen. Keiner von beiden ist auf die Idee gekommen, mit der Freundin Schluss zu machen, um vielleicht doch noch in der Ehe die Kurve zu kriegen.

Als mir das klar wird, setzt mein Selbsterhaltungstrieb ein. Ich will kein Häuflein Elend sein, will meinem Mann, dem Lügner und Betrüger, nicht hinterherjammern, will mich nicht erniedrigen und mich nicht schlecht fühlen.

Ich will das alles hocherhobenen Hauptes überstehen. So gut wie möglich. Nach vorne schauen, ein neues Kapitel aufschlagen. Dass ich verletzt bin – keine Frage. Das will ich vor Torsten auch nicht verbergen. Er darf ruhig sehen, dass er mir fürchterlich wehgetan hat. Soll sich gern schlecht fühlen. Aber ich will mich nicht kleiner machen, als ich bin. Vor mir nicht, und schon gar nicht vor unseren Kindern.

Schuldbewusst schleicht Torsten durchs Haus, kommt mir aber in allem entgegen. Er vereinbart einen Termin zur Trennungsberatung. Und als ich an einem Abend aus dem Büro nach Hause komme, wissen die Kinder Bescheid.

Sie reagieren ganz unterschiedlich. Während unsere Tochter wahnsinnig wütend und enttäuscht von ihrem sonst so hoch moralischen Vater ist, zuckt unser Sohn mit den Schultern. Er nimmt es hin, scheint nicht besonders überrascht und sagt sehr tapfer, wir hätten ihn so erzogen, dass er glaube, auch mit dieser Krise gut umgehen zu können. Vor Ergriffenheit muss ich weinen – ein paar Tränen habe ich tatsächlich noch –, dann nehmen wir uns in den Arm, und ich spüre, dass mir beide Kinder sehr viel Kraft geben. Wir sind eine Einheit, zusammen schaffen wir das.

»Schmeiß ihn raus!«, rät mir Sabine bei jedem Telefonat, das wir führen. Wir telefonieren täglich, sie war die Erste, der ich erzählen musste, dass sich ihre Geschichte wiederholt hat.

Tatsächlich wüsste ich gar nicht, wohin Torsten gehen soll. Erst einmal wohnt er in seinem Büro – aber das ist bei uns im Haus. Wenn die Kinder aus der Schule kommen, sitzen wir mittags zu viert betreten beim Essen. Ich fände es affig, nicht für Torsten mitzukochen – er ist ja nun mal da, und er ist immer noch der Vater unserer Kinder, es wäre seltsam, wenn er allein im Büro essen müsste. Aber so fühlt es sich natürlich auch nicht richtig an. Die Beklemmung ist förmlich mit den Händen greifbar, jedes Gespräch wirkt gezwungen. Alle am Tisch wissen Bescheid, aber keiner sagt etwas dazu. Alle sind erleichtert, wenn wir mit dem Essen fertig sind und jeder sich verkriechen kann. Torsten bedankt sich kleinlaut, räumt ab und verschwindet schnell wieder im Büro.

»Kann dir doch egal sein, wo er unterkommt!«, schimpft Sabine, und wo sie recht hat, hat sie recht. Aber vielleicht bin ich zu konfliktscheu, oder ich habe Mitleid, oder ich kann mich nicht trennen – warum auch immer, ich schaffe es nicht, Torsten vor die Tür zu setzen. Stattdessen biete ich ihm an, dass er »natürlich« so lange im Büro bleiben könne, bis er etwas Neues gefunden habe.

Aber dann reißt unserer Tochter der Geduldsfaden. »Spinnt ihr? Ich stehe kurz vorm Abi! So geht das nicht.« Aufgebracht stapft sie zu Torsten ins Büro.

Am nächsten Morgen packt er eine Reisetasche und zieht vorübergehend zu seiner Freundin.

Und dann geschieht das für mich im Nachhinein immer noch Unfassbare.

Ich höre die Tür ins Schloss fallen.

Ich setze mich aufs Sofa und horche nach. Es ist ganz still im Haus.

Und ich spüre: Alles fällt von mir ab. Ich bin erleichtert!

Die Spannungen zwischen uns – weg. Der Druck, den ich immer gespürt habe – fort.

Ich atme ein. Ich atme aus. Ich habe unheimlich viel Luft und Raum zum Atmen. Diese schwarze Wolke, die schon so lange über unserer Ehe hing, die immer dunkler und dicker wurde – abgezogen.

Ich fühle mich, als würde Licht durch mich hindurchfließen.

Jetzt muss ich doch weinen, aber keine Tränen der Verzweiflung. Es ist die tiefe Trauer darüber, dass wir es nicht geschafft haben. Wir – der Mann, den ich liebe, und ich.

Es sind aber auch Tränen der Erleichterung. Ich fühle mich unglaublich frei. Meine Energie kommt zurück.

Ich rufe Sabine an, die lachend verkündet: »Siehste! Das geht auch nicht weg, dieses tolle Gefühl.« Bei ihr hält es schon drei Jahre an.

Ein paar Tage später treffen Torsten und ich uns bei der Psychologin. Wir sitzen eine Stunde zusammen und erzählen von unserer Ehe. Von unserer großen – immer noch großen – Liebe. Dass es trotzdem nicht mehr geht. Dass ich mich nicht unterstützt fühle und Torsten das Gefühl hat, dass ich ihn emotional verhungern ließ. Die Therapeutin ist großartig. Sie moderiert unser Gespräch sehr behutsam, stellt die richtigen Fragen und hört zu.

Wir sind unfassbar traurig, weinen beide. Am Ende der Stunde ist dennoch ganz klar: Wir müssen auseinandergehen. Unsere Ehe ist eine Sackgasse. Wir machen uns kaputt, den anderen, uns selbst. Dass Torsten fremdgegangen ist, war eine Antwort auf die zunehmende Lieblosigkeit meinerseits. Dass ich lieblos war, resultierte aus meiner Überforderung. Wir haben beide dazu beigetragen, dass unsere Ehe in die Brüche ging. Aber nur einer hat – in meinen Augen immer noch die falschen – Konsequenzen daraus gezogen.

Wir sind uns einig, uns nicht verletzen zu wollen. Wir lieben und respektieren uns, es gibt keinen Grund, wie Hyänen übereinander herzufallen. Wir wollen das, um uns selbst zu retten, unsere Ehe so zu bewahren, wie sie einst gewesen ist, vor allem aber wollen wir den Kindern nicht unnötig wehtun.

Nach der Stunde gehen wir Hand in Hand zum Auto. Wir besprechen das Wichtigste. Torsten versichert mir, dass er Unterhalt für die Kinder zahlt. Unterhalt für mich ist nicht nötig, ich verdiene mein eigenes Geld. Wir überlegen, wie wir das mit der Steuer und dem ganzen blöden Schriftkram machen sollen. Auch um das Sorgerecht müssen wir nicht streiten – die Kinder sind groß und bleiben selbstverständlich bei mir. Hund und Kater ebenso. Wir wollen uns auch nicht gleich scheiden lassen. Erst einmal soll Zeit vergehen. Torsten zieht mit seiner Freundin zusammen, fünfhundert Kilometer weit weg. Zu weit, aber damals bin ich ganz froh, denn so habe ich Zeit und Raum, mich zu sortieren.

Die Osterferien stehen vor der Tür, und ich habe vor, ein paar Tage wegzufahren. Torsten will stattdessen im Haus bleiben, um Zeit mit den Kindern allein zu verbringen. Und um seine Sachen zu packen. Zu seiner neuen Freundin zu ziehen.

In den nächsten Wochen schwimme ich durch das Tränenmeer an die Oberfläche meines Lebens. Ich tue alles, damit mein Leben wieder mir gehört. Ich gehe aus, ich treffe mich mit Freunden, die ich lange nicht gesehen habe, ich genieße viel Zeit mit den Kindern, werde Vegetarierin und besuche einen Sportkurs. Ich lasse mir die Haare schneiden und gehe tanzen. Ich kaufe mir neue Klamotten und fahre nach Bali. Ich miste aus und suche eine Wohnung. Ich mache Schluss mit Eigenarten, die ich an mir selbst nicht mag, und ich verabschiede mich von Freundschaften, die mich nur noch belastet haben.

Ich werfe Ballast ab, werde froher, leichter, freier.
Ich treffe viele Menschen, die mir von ihrer Partnerschaft erzählen, von Trennungen, von ersten Ehen, von Seitensprüngen.
Die Geschichten sind ähnlich und doch ganz anders. Ich erkenne, dass wir uns manchmal mit unserer Wut, mit Hass und Aggressionen selbst das Leben schwer machen. Unsere Kinder belasten. Den Menschen wehtun, die wir im Grunde unseres Herzens lieben. Vor allem aber treffe ich viele Frauen, die in der Erinnerung an eine Partnerschaft verharren, sich deswegen zermürben und den Schritt in die Freiheit nicht wagen wollen.
Deshalb beschließe ich: Darüber schreibe ich ein Buch.

»Jaja, du Mutter Teresa«, kommentiert Sabine und rollt mit den Augen. Sie unterstellt mir gern, dass ich mit Torsten nicht streite, weil ich zu feige bin. Oder dass ich nicht so tun soll, als würde ich nur die Kinder schützen. Sabine findet, ich solle mit dem heiligen Getue aufhören und mal so richtig, richtig sauer werden. Auf den Putz hauen, Torsten anschreien, ohrfeigen und beleidigen. All das, was sie gemacht hat, nachdem der feige Sack Nils sie betrogen hat. Und von dem sie meint, dass es ihr gutgetan hat.
Aber ich weigere mich. Und zwar nicht, weil ich Mutter Teresa bin. Um ehrlich zu sein, geht es mir gar nicht in

erster Linie um die Gefühle der anderen. Es geht mir ganz egoistisch um mich.

Ich möchte mich immer gern an das erinnern, was war. An zwanzig großartige Jahre. Diese Erinnerung ist ein Schatz. Und ich glaube, dass alle Paare, die sich vor und nach ihrer Trennung bekriegen, zerfleischen und kein gutes Haar am anderen lassen, diesen Schatz für sich selbst zerstören.

Die zwanzig Jahre unseres Familienlebens sind ein Juwel, und ich möchte es jederzeit aus der Vitrine meines Herzens holen können, den Staub herunterpusten und bewundern, wie es funkelt und glänzt.

Deshalb glaube ich an eine Trennung, die im Guten verlaufen kann.

Glaube an Trennung als Chance.

Die Frau

Oder: Warum eine Trennung nur eine Trennung ist, aber nicht das Ende des Lebens

Einige Monate nachdem Torsten ausgezogen und bei mir eingetreten ist, was Sabine prophezeit hat – das gute Gefühl geht nicht weg –, bin ich bei einer gemeinsamen Freundin zu einem Frauen-Abendessen eingeladen. Katharina heißt die Gastgeberin, sie macht diese Abende ab und zu, und sie sind immer sehr lustig und feuchtfröhlich. Das letzte Essen, zu dem ich bei ihr geladen war, hat mich allerdings deprimiert, denn es ging ausschließlich um das Thema »Wechseljahre«. Da sich alle in der Runde außer mir mittendrin befinden und Horrorstorys von Schlaflosigkeit, Schwitzen, Migräne, Haarausfall und schlimmeren Begleiterscheinungen in epischer Breite geschildert hatten, hoffe ich, dass dieser Abend eine andere Wendung nehmen würde.

In der Tat finden wir – sechs Frauen – ein anderes Thema. Da ich Katharina seit meiner Trennung nicht mehr gesehen habe, kommen wir sehr schnell darauf zu sprechen. Ich erzähle, wie tragisch es für Torsten und mich gewesen war zu erkennen, dass wir unsere Ehe an die Wand gefahren haben, doch ich erwähne auch, wie gut es mir seit der Trennung geht.
»Darauf einen Champagner!«, ruft Katharina, die vor über zehn Jahren ihren Mann verlassen hat. Sie lebte lieber alleinerziehend mit ihren Kindern zusammen, bis diese das

Haus verließen. Seit drei Jahren hat sie einen Lebenspartner, mit dem sie seit Kurzem sogar zusammenwohnt.

(O-Ton Katharina noch vor zwei Jahren: »Niemals! Niemals mehr ziehe ich mit einem Typen zusammen!«

O-Ton Katharina vor einem Jahr: »Nur unter bestimmten Bedingungen. Also eigentlich: nein. Aber unter Umständen ... Also wenn er seine Wäsche selber wäscht und putzt und einkauft, dann vielleicht. Aber eigentlich: nein.«

O-Ton Katharina vor zwei Monaten: »Es ist herrlich! Endlich muss ich die schweren Getränkekisten nicht mehr schleppen. Manchmal macht er sogar die Wäsche. Und ohnehin fühle ich mich jetzt viel sicherer im Haus.«

Sabine und ich wetten darauf, dass sich Katharina bald so anhört: »Wer spült ab, wenn er gekocht hat? Ich natürlich! Und glaub ja nicht, dass er auch nur einmal das Klo geputzt hat. Echt, wie konnte ich nur so blöd sein? Wäre ich bloß nicht mit ihm zusammengezogen!«)

Katharina öffnet also eine Flasche Prosecco rosé, Champagner ist gerade nicht zur Hand, und gießt den anwesenden Frauen ein. Obwohl es eigentlich um mich und Torsten ging, drängelt sich Sabine dazwischen und beginnt, ein Loblied auf sich selbst und ihren derzeitigen Lover zu singen.

Sabine: »Er ist wirklich süß! Vorgestern waren wir wieder im Theater, Ralf hat ja ein Abo ...«

Lissy: »Ralf? Wieso Ralf? Ich denke, der hieß Olaf?«

Sabine winkt ab. »Olaf war mal. Der war so ein Stoffel, also ehrlich. Ne, das ging gar nicht. Der hat ja auf keine SMS reagiert und nix.«

Katharina: »Moment mal, seit wann gehst du denn ins Theater? Ich denke, du findest Theater doof?«

Sabine (im Brustton der Überzeugung): »Ralf bringt mir das halt nahe. Das Kulturelle, meine ich. Er hat ein Premieren-Abo, vierte Reihe.«

Katharina und ich werfen uns einen Blick zu. Schon klar. Ums Theater geht es da eher weniger. Aber um den Schickimicki-Faktor.

Sabine (trotzig): »Hm. Müsst ihr ja nicht glauben, aber ich finde Theater toll. Ein Abo für die Philharmonie hat er auch.«

Lissy (immer noch in Gedanken versunken): »Ralf, Olaf ... und wie hieß der, mit dem du letztens auf der Hütte übernachtet hast?«

Sabine (wegwerfend): »Jeremy. Aber das war ja nur ein Techtelmechtel.«

Gudrun (hat bis jetzt geschwiegen, jetzt düster): »Kathi, gieß noch mal ein. Das ist ja nicht zu glauben.« (Trinkt das aufgefüllte Glas in einem Zug leer.) »Ich habe keinen Typen mehr gehabt seit Manfred. KEINEN! Bloß dass ihr's wisst, Mädels.«

Betretenes Schweigen. Gudrun hat vor sage und schreibe vier Jahren angefangen, sich von Manfred zu trennen. Ich muss das so sagen, weil dieser Prozess noch immer nicht beendet ist. Manfred hat Gudrun von Anfang an gedemütigt und beleidigt, genau gesagt, seit vierzehn Jahren. Sie haben zwei Kinder. Manfred ist Journalist, er ist klug und gebildet, seine Beleidigungen sind also niemals plump und offensichtlich, aber er setzt Spitzen. Er hat es geschafft, Gudrun vor allen Freunden »liebevoll« aufzuziehen und sie wie ein tollpatschiges Dümmerchen aussehen zu lassen. Anfangs war das noch neckisch, nach all den Jahren aber nur noch verletzend. Nachdem Gudrun zehn Jahre immer nur eingesteckt hatte, sagte sie sich von Manfred los und zog aus dem gemeinsamen Haus – das seinen

Eltern gehört – aus. Sie bekam weder Unterhalt noch Kindergeld, weil die beiden Kinder bei ihm im Haus blieben. Gudrun, die als Yogalehrerin arbeitet – ein Job, bei dem man nicht reich wird, wenn man nicht gerade ein eigenes Studio besitzt – fand eine winzige Wohnung. Manfred, der stets so getan hatte, als würde er auf seine Frau herabschauen, brach vollends zusammen. Seitdem versucht er, Gudrun zurückzugewinnen. Allerdings kann er nicht aus seiner Haut, und jedes Mal, wenn die gutmütige Gudrun einen Schritt in seine Richtung macht, bekommt er Oberwasser und wird so fies wie eh und je. Wir Freundinnen sind uns sicher: Das wird noch ein paar Jahre so weitergehen, es sei denn, sie zieht die Trennung durch.

Katharina: »Weil du von Manfred ja gar nicht richtig getrennt bist. Deshalb. Du musst da wirklich mal einen Schnitt machen.«

Gudrun: »Das ist gar nicht so einfach! Wir führen echt gute Gespräche. Besser als früher.«

Lissy prustet laut los: »Gespräche! Scheiß auf Gespräche!« Und dann erzählt Lissy uns, dass ihr derzeitiger Lebensgefährte sie mit magischen Vitaminpillen aus den USA versorgt – seit sie die nimmt, sind ihre wechseljahresbedingten Schlafstörungen und Kopfschmerzen wie weggeblasen. Außerdem hat sie wahnsinnige Lust auf Sex.

Gudrun: »Moment mal, hast du nicht letztens erzählt, der Typ sei bei Scientology?«

Lissy – seit fünfzehn Jahren in erster Ehe geschieden, seit fünf aus der danach, ein erwachsener Sohn aus erster Ehe, ein Nachzügler aus der zweiten – zuckt mit den Schultern. »Ja, wahrscheinlich. Aber solange er mich nicht bekehren will ... Und diese Vitaminpräparate sind echt gut. Ohne Sebastian komme ich da gar nicht ran. Also darf er ruhig noch ein bisschen bleiben.«

Wir lachen und prosten uns zu. Während ich noch überlege, ob ich aus so einem Grund mit einem Sektenheini zusammen sein könnte, meldet sich Andrea zu Wort. Andrea ist neu in der Gruppe. Katharina kennt sie aus ihrer Grundschulzeit, hatte sie lange aus den Augen verloren und letztens beim Einkaufen wiedergetroffen. Und kurzerhand eingeladen.

Andrea: »Seid ihr alle getrennt?«

Wir gucken uns an. Uns ist das so noch nie aufgefallen, aber tatsächlich sind wir allesamt Frauen mit Kindern, die von den jeweiligen Kindsvätern getrennt leben. Bei jeder von uns liegt die Trennung unterschiedlich lange zurück (ich bin der Frischling in der Runde), und bei jeder erfolgte sie aus unterschiedlichen Gründen. Einige wurden verlassen, andere sind gegangen. Manche von uns leben ohne Partner, andere, wie Sabine, haben häufig wechselnde Beziehungen oder kämpfen sich noch am »alten« Partner ab wie Gudrun. Aber ja, wir alle sind getrennt.

Andrea treten Tränen in die Augen. »Dass ihr darüber lachen könnt ...«

Wir schauen uns an und fühlen uns ein bisschen ertappt. Zum Glück können wir darüber lachen. Bei den meisten von uns ist ja auch schon lange Gras über die Sache gewachsen. Bei mir nicht, aber mir geht es trotzdem sehr, sehr gut. Mich beschleicht eine Ahnung.

»Bist du auch getrennt?«, frage ich ahnungsvoll.

Andrea kramt ein Taschentuch hervor und schnäuzt sich, dann nickt sie mit tränennassen Augen. »Seit einem Jahr. Er hat mich wegen einer Jüngeren verlassen.«

Katharina legt Andrea den Arm um die Schulter. »Das wird schon wieder, glaub mir. Scheiß auf den Blödmann! Du bist so eine tolle Frau.«

Aber Andrea schüttelt den Kopf und erzählt. Dass sie in

ein tiefes Loch gefallen sei. Dass sie keine Freude mehr am Leben habe. Dass sie Antidepressiva nehme. Dass sie oft morgens nicht wisse, wie sie sich für den Tag motivieren soll. Alles gipfelt in dem Statement: »Meine ganze Welt ist zusammengebrochen.«

Jetzt ist es an mir, fassungslos zu sein. Andrea ist, das hat sie zu Beginn des Abends erzählt, erfolgreiche Ärztin mit eigener Praxis und fünf Angestellten. Sie hat eine Tochter, die gerade ein Abitur mit einer Eins vor dem Komma hingelegt hat. Sie wohnt in einem schönen großen Haus, das ihr gehört und abbezahlt ist – von ihr, denn ihr Ex ist semi-erfolgreicher Maler, den sie fünfzehn Jahre lang durchgefüttert hat. Außerdem hat Andrea eine Top-Figur, sieht auch sonst sehr attraktiv aus und ist erst dreiundfünfzig. Sie steht also noch mitten im Leben.

Eigentlich.

Dass sie sich verraten fühlt, kann ich verstehen. Dass sie traurig ist, ebenfalls. Aber dass sie findet, ihre »ganze Welt« sei »zusammengebrochen« – das tut mir unendlich leid für sie. Arme Andrea!

Die Trauer hat ihr tiefe Augenringe beschert und die Depression nach unten zeigende Mundwinkel. Den ganzen Abend über hat sie die Brauen zusammengezogen, sodass sich auf ihrer Stirn eine tiefe Sorgenfalte bildet. Wenn sie so weitermacht, sieht sie mit sechzig aus wie siebzig. Und überhaupt fällt mir auf, dass Andrea im Vergleich mit den anderen Frauen am Tisch die freudloseste Ausstrahlung hat. Das macht auch die tolle Figur nicht wett. Kein Wunder, bei der Einstellung. Natürlich hat Andrea recht: Ein Teil ihrer Welt *ist* weggebrochen, ein sehr großer und sehr wichtiger Teil, aber trotzdem bleibt doch noch genug eigene Welt!

Je länger Andrea erzählt, desto mehr gewinne ich den

Eindruck, dass sie es sich in ihrer Trauer ganz gut eingerichtet hat. Sie betrachtet alles in ihrem Leben durch die frustrierende Trennungsbrille. Das schöne Haus? Viel zu groß! Die tolle Tochter? Steht nicht auf eigenen Beinen! Die erfolgreiche Praxis? Zu viel Stress und Verantwortung!

So ist das, wenn das Glas immer halb leer ist, denke ich.

Andreas leeres Glas wird im Lauf des Weiberabends immer wieder gefüllt, und irgendwann lacht sie sogar. Wir geben uns alle Mühe, an sie hinzureden, dass ihre Situation nicht so negativ ist, wie sie sie sieht. Es liegt allein an ihr, an ihrer Situation etwas zu ändern, das kann ihr niemand abnehmen. Eine Möglichkeit besteht darin, das Haus zu verkaufen und sich eine schicke kleine Wohnung zu nehmen – und der Tochter gleich noch Starthilfe für den Auszug zu geben. Die Praxis mit einer anderen Ärztin zu teilen. Es gibt in ihrem Fall für alles eine Lösung!

Es wird mehr gutes Zureden brauchen, damit Andrea tatsächlich etwas bewegt in ihrem Leben, aber wir anderen spüren alle, dass wir etwas angestoßen haben. Jedenfalls verabschiedet sich Andrea am Ende des Abends gut gelaunt bei unserer Gastgeberin, und plötzlich strahlt sie auch von innen. Die Stirn glättet sich, die Mundwinkel hängen nicht länger herunter – an uns ist wirklich ein Motivationstrainer verloren gegangen!

Mitunter ist es in einer solchen Situation, nämlich eine Trennung durchzustehen, die man nicht gewollt hat, ziemlich hilfreich, erst einmal ganz allgemein Männer-Bashing zu betreiben (oder Frauen-Bashing, je nachdem) …

Der Mann

Oder: Wer ist hier das schwache Geschlecht?

Ich besuche meine Freundin Helena. Sie ist zehn Jahre jünger als ich und hat drei kleine Kinder. Als sie mir die Tür öffnet, bemerke ich als Erstes ihre tiefen Augenringe. Sie entschuldigt sich, dass sie nicht für uns gekocht hat, es gibt »nur« Salat, aber sie kommt momentan einfach zu nichts. Der knapp Einjährige ist schlimm erkältet, der Dreijährige eifersüchtig, der Fünfjährige träumt von Monstern unter dem Bett. Mir ist klar, dass Helena das Wort »Schlaf« nicht mal mehr buchstabieren kann, umso mehr freue ich mich, dass es mit dem Treffen geklappt hat. Einfach so, unter der Woche, obwohl wir beide am nächsten Tag früh rausmüssen.

Im Wohnzimmer sitzt Helenas Mann Georg. Er sieht noch schlechter aus als seine Frau, schnieft, hustet und klammert sich an einen Becher mit Salbeitee. Er begrüßt mich kurz, dann entschuldigt er sich, um ins Bett zu gehen. Bevor er das Zimmer verlässt, fragt er Helena, ob es okay sei, wenn sie nachts aufsteht, falls die Kinder weinen, er habe morgen einen stressigen Tag.

Natürlich ist es okay.

Georg ist PR-Manager in einem großen Unternehmen. Er nimmt demnächst Elternzeit, seiner Frau zuliebe. Helena leitet die Marketing-Abteilung eines anderen Unternehmens, arbeitet Teilzeit, offiziell, tatsächlich aber nimmt sie immer Arbeit mit nach Hause, sodass sie letztlich doch auf eine volle Arbeitswoche kommt.

»Musst du denn morgen nicht arbeiten?«, frage ich mit schlecht verhohlener Skepsis.

Helena zuckt mit den Schultern. Georg sei etwas älter als sie, er vertrage das mit dem wenigen Schlaf nicht mehr so gut. Der Arme.

Aha.

Trotzdem nimmt sich Helena Zeit für unseren Abend, wir trinken Wein, führen schöne Gespräche und lachen miteinander. Als ich mich schließlich verabschiede, fällt Helena ein, dass sie noch mal an den Computer muss. Mitten in der Nacht?

Sie möchte Tickets für ein Fußballspiel buchen. Georg hat erwähnt, dass er es gern mit seinem halbwüchsigen Sohn aus erster Ehe besuchen würde. Und bis Georg die Tickets gebucht habe, meint Helena, sei das Spiel längst ausverkauft. Deshalb übernimmt sie das.

Wenn Sabine beruflich ein paar Tage wegmusste, früher, als sie noch verheiratet war, hat sie nach der Arbeit einen Großeinkauf gemacht und dafür gesorgt, dass der Kühlschrank voll war. Außerdem hat sie für jeden Tag vorgekocht, weil sie sicher war, dass ihr Mann Nils es nicht schaffte, nach seiner Arbeit noch einzukaufen – schon gar nicht das Richtige. Als sie wieder einmal auf einer Fortbildung war, klingelte abends um neun Uhr ihr Handy. Nils fragte, wie er das Steak, das er gerade aus der Tiefkühltruhe gefischt hatte, auftauen könne. Er müsse den Kindern noch etwas zum Abendessen machen. Die Kinder waren sieben und acht, sie mussten am nächsten Tag in die Schule. Sabine war drauf und dran, noch in der Nacht ihre Fortbildung zu verlassen.

Meine Freundin Veronika möchte ihren Mann Jens an einem strahlenden Herbsttag zu einem Spaziergang überreden. Jens zögert. Sein Smartphone sagt für später Regen voraus. Welche Schuhe soll er bloß anziehen? Er fragt schließlich seine Frau um Rat. Veronika entscheidet kurzerhand. Später muss sie sich Jens' Klagen anhören, dass er doch lieber andere Schuhe hätte anziehen sollen. Zum Glück hat Veronika zu Hause eine Butterbrezel geschmiert und für Jens eingepackt, der schnell schlechte Laune bekommt, wenn er unterzuckert ist.

Torsten kommt übers Wochenende zu Besuch. Mir fällt sein wuchernder Bart auf, und ich weise ihn darauf hin, dass er aussieht wie ein Waldschrat. Torsten pflichtet mir bei. Er müsse dringend mal den Bart stutzen lassen – aber wo? Ich greife zu meinem Smartphone und google auf der Stelle »Barber Shop München«. Als die Suchergebnisse erscheinen, drücke ich sie weg – bin ich denn noch bei Trost?

Meine Eltern haben sich stets über meine Oma lustig gemacht. Sie, die Kriegswitwe mit zwei kleinen Kindern, hatte das große Glück, nach dem Krieg wieder einen Mann zu finden. Einen »Unversehrten«, wie sie selbst stolz betonte. Weder meine Mutter noch mein Vater haben diesen Mann, der für mich immer mein Opa war, ernst genommen. Was unter anderem daran lag, dass meine Oma ihren Gatten in jede noch so große Parklücke einweisen musste, ihm immer die Brote butterte, seine Armbanduhr aufzog und ihm sogar die Fußnägel schnitt.
(Auch wenn sie bei uns zu Besuch waren. Ich habe mich fürchterlich geekelt.)
Das hätte es bei uns nicht gegeben. Meine Mutter hat den Haushalt geschmissen, gekocht, geputzt und einge-

kauft. Dann war aber Schluss mit lustig. Alles andere hat mein Vater gemacht, und sein Job war es auch, meine Mutter zu verwöhnen. Nicht umgekehrt. Meine Eltern haben eine lange und glückliche Ehe geführt.

Oje! Das ist reaktionäres Gedankengut, über das ich lieber nicht genauer nachdenke. Schließlich möchte ich nicht mit meiner Mutter tauschen – ich bin immer stolz und froh gewesen, berufstätig zu sein, und genau das rettet mich jetzt, nach der Trennung.

Was also ist bloß los in meiner Generation?

Die Männer, von denen ich gerade exemplarisch erzählt habe, stehen alle erfolgreich im Beruf ihren Mann. Keiner von ihnen hat seine Frau jemals daran gehindert, ebenso erfolgreich zu sein. Im Gegenteil. Sie nehmen Elternzeit oder stehen am Wochenende frühmorgens mit den Kindern auf, damit wir ausschlafen können (einmal im Monat). Sie lieben uns, weil wir selbstständige und selbstbewusste Frauen sind.

Warum also lassen sie sich von uns zu Hause umsorgen wie kleine Kinder? Und die noch drängendere Frage: Warum tun wir das? Warum bloß bürden wir uns das auf?

Wann hat es angefangen, schiefzulaufen? Wer war zuerst – die Henne oder das Ei? Ist es eine Begleiterscheinung des Feminismus, dass wir berufstätigen Mütter unser permanent schlechtes Gewissen beruhigen wollen, indem wir uns um alles und jeden kümmern? Um zu beweisen, dass wir das auch noch können neben unserem Beruf: Hausfrau und Mutter sein?

Aber warum wissen nur wir, dass helle und dunkle Wäsche getrennt gewaschen wird? Warum entkrumpeln wir die Socken, die unsere Männer gedankenlos in den Wäschekorb pfeffern? Warum wissen meistens nur wir, welches

Kind welchen Müsliriegel mag, wie die Englischlehrerin heißt und dass das eine Kind in der 8c, das andere in der 10d ist?

Sicher gibt es Antworten darauf. Forscht man diesbezüglich bei einem großen Internetversand in der Ratgeberliteratur, wird man nahezu erschlagen vom Angebot. Aber – um auf mein eigentliches Thema »Trennung« zurückzukommen – es interessiert mich nicht mehr! Ich werde kein einziges dieser Bücher lesen. Was soll ich rückwirkend besser machen? Eben. »Hätte, hätte, Herrentoilette«, um Sabine zu zitieren. Und sie hat so recht!

Ich erlebe es als große Befreiung, dass ich das nicht wissen muss. Es ist schiefgelaufen, und anscheinend nicht nur bei mir. Ich habe den Fehler gemacht, meinen Mann so lange zu bemuttern und zu bevormunden, dass er zu einer anderen übergelaufen ist.

Jetzt aber bin ich das Problem los, und ich bin mir ganz sicher: nie wieder! Nie wieder mache ich den Fehler und gründe mit einem Mann einen gemeinsamen Haushalt. Ich buche keine Fußballkarten, schmiere keine Butterbrezel oder suche einen Barber Shop. Beim nächsten Mann wird alles ganz anders.

»Mach nur einen Plan …«, wispert es leise, aber vernehmlich über den Dorotheenstädtischen Friedhof in Berlin. Von tief unter der Erde flüstert es, aus dem Grab von Bertolt Brecht.

Und ich kann es leider ganz genau hören.

Ach, und dann fällt mir Xaver ein. Der widerlegt alles, was ich soeben behauptet habe. Xaver ist als Mann nämlich die bessere Frau.

Torsten kennt Xaver aus Studienzeiten. Da war der ein ganz wilder Hund. Lange blonde Haare, Sportwagen, Weiber und jedes Wochenende im P1 unterwegs. Bis er Jeannette kennenlernte. Jeannette war mindestens so wild wie Xaver, nur dass dieser dann plötzlich ganz bodenständig wurde. Nahm einen Job im IT-Bereich einer großen Firma an, machte Jeannette einen Heiratsantrag und bekam mit ihr zwei Kinder. Xaver übernahm – zur großen Verwunderung des gesamten Freundeskreises – volle Verantwortung. Er wurde dick, die Haare fielen ihm aus, der Sportwagen wurde gegen einen soliden Kombi getauscht. Er änderte sein Leben von Grund auf, doch nicht so Jeannette. Die führte *ihr* Leben, vor allem nachts, nahtlos weiter.

Xaver dagegen stand mit den kleinen Kindern auf, schmierte Pausenbrote, wusch die Wäsche und baute nach der Arbeit mit seinem Sohn an Legoburgen und mit der Tochter am Puppenhaus.

Nebenbei versuchte er, beruflich trotzdem seinen Mann zu stehen, was bei der Doppelbelastung als Hausmann nicht ganz einfach war. Laut seinen Schilderungen kam es bei den männlichen Kollegen gar nicht gut an, dass er regelmäßig versuchte, vom Homeoffice aus zu arbeiten, und sich pünktlich in den Feierabend verabschiedete. Jeannette jobbte weiterhin mal hier, mal da und schlug sich die Nächte um die Ohren. Sie ging fremd, gern mit jüngeren Männern, und machte Xaver Vorwürfe, dass er nicht mehr sexy war.

Irgendwann packte Xaver die Kinder und verließ heldenhaft seine Frau.

Seitdem lebt er weit entfernt von der Mutter seiner Kinder, gibt sein Bestes als alleinerziehender Vater samt stressigem Fulltime-Job und überweist seiner Frau monatlich das Kindergeld. Weil sie ohne diese Finanzspritze nicht über die Runden kommt.

Was ihm übrigens niemand dankt. Sowohl für seine Ex als auch die Kinder ist er ein Blödmann. Ein Hausmann, ein Schlaffi. Die Mutter dagegen, die noch immer lebt, als sei sie zwanzig, die finden die Kinder toll. Nicht so langweilig wie Papa …

Xaver hat keine Midlifecrisis. Er würde vor einer jüngeren Frau schreiend davonlaufen. Alles, was er will, ist seine Ruhe.

Am schönsten ist es, wenn Xaver und ich uns alle Jubeljahre auf ein Bier treffen. Es wird niemals spät, weil wir ja beide am nächsten Morgen wieder Pausenbrote schmieren und vor dem Schlafengehen noch eine Wäsche in die Maschine schmeißen müssen. Aber wir haben Spaß und sind uns einig.

Niemand versteht mich so gut wie Xaver.

Die Kinder

*Oder: Warum die, um die es geht,
trotzdem nicht mitspielen dürfen*

Sabines Tochter soll im Jahr nach der Trennung von Nils gefirmt werden. Sie wünscht sich eine Feier mit Verwandten und einigen Freunden zu Hause. Kaum hat Sabine die Einladungen zu dem Fest verschickt, ruft Nils erbost an. Seine Familie hat bereits in einer Gaststätte – in der Nähe seiner neuen Wohnung – gebucht. Raum, Menü – alles ist fest abgemacht. Sabine wehrt sich mit Händen und Füßen, vor allem aber ärgert sie sich darüber, dass Nils und seine Eltern weder mit ihr noch mit ihrer Tochter gesprochen haben. Sie besteht darauf, dass die Firmung bei ihr zu Hause gefeiert wird, so, wie es sich die gemeinsame Tochter wünscht. Nils macht Druck: In dem Fall werden seine Eltern nicht erscheinen.

Sabine spricht mit ihrer Tochter. Die ist verzweifelt – egal, wofür sie sich entscheidet, entweder verletzt sie den Papa oder ihre Mama. Um des lieben Friedens willen lenkt Sabine ein. Doch zum Fest in der von Nils gewählten Gaststätte kommen kaum Freunde der Tochter, das Lokal ist einfach zu weit weg. Die Stimmung ist getrübt, das Mädchen, das doch im Mittelpunkt der Feier stehen sollte, bricht während des Essens in Tränen aus und schließt sich in der Toilette ein.

Lorenz, ein Kollege meines Mannes, will sich von seiner Frau einvernehmlich scheiden lassen. Ganz so einvernehmlich läuft die Trennung leider doch nicht, die Frau, die wegen der Kinder einige Jahre im Beruf ausgesetzt hat, versucht, sich auf Lorenz' Kosten zu sanieren, und beansprucht bei der Scheidung erheblich mehr, als ihr von Gesetzes wegen zusteht. Lorenz wehrt sich mit anwaltlicher Hilfe. Daraufhin greift seine Frau zu härteren Bandagen und untersagt ihm den Kontakt mit den Kindern außerhalb der gesetzlich vereinbarten Vater-Zeiten. Wenn sie die Kinder hat, darf Lorenz mit den beiden (neun und zwölf) lediglich E-Mails austauschen, aber keine Anrufe, SMS oder WhatsApp. Als das iPad des Größeren, das ursprünglich ein Geschenk von Lorenz war, weil er mit seinen Söhnen über Skype Kontakt halten wollte, eine Macke hat, schreibt der Sohn eine E-Mail an den Vater. Ob sie sich heimlich treffen können, damit der Papa sich das Gerät mal ansehe. Sie treffen sich außer Sichtweite des Hauses, Lorenz bringt das iPad im Auto wieder in Ordnung. Sein Sohn ist überglücklich, küsst seinen Papa und bittet ihn eindringlich, der Mama nichts zu verraten – sonst wird sie wieder sauer.

Georg hat seine Frau wegen Helena verlassen. Von Anfang an bestimmen Streitigkeiten und Hysterie die Trennung. Georgs Frau lauert ihm auf, beschimpft ihn wüst, redet mit dem gemeinsamen Sohn schlecht über Georg, verunglimpft ihn, wo und bei wem sie nur kann. Sie versucht, Georg das Sorgerecht zu entziehen, was ihr nicht gelingt. Über sämtliche schulischen, gesundheitlichen und emotionalen Belange des Sohnes lässt sie Georg im Unklaren. Der fängt jeden zweiten Freitag, wenn er seinen Sohn zum gemeinsamen Wochenende abholt, wieder bei null an. Als Georg an einem Samstag mit seinem Sohn und Helena beim Einkaufen ist, treffen sie im Supermarkt Georgs erste Frau. Beim Anblick der drei rastet diese völlig aus, fällt über Helena her, schlägt sie und reißt an ihren Haaren. Georg gelingt es mithilfe eines anderen Kunden, seine rasende Ex von Helena, die mittlerweile am Boden liegt, wegzuziehen. Der gemeinsame Sohn, acht Jahre alt, steht fassungslos daneben.

In der Kita unserer Kinder haben wir Annemarie und ihren Sohn Luca kennengelernt. Annemarie ist Malerin, ein bisschen exzentrisch und versponnen. Lucas Vater Hans-Christian ist Schauspieler. Immer viel beschäftigt, jettet er zwischen Drehterminen und Theaterengagements hin und her. Die beiden führen einen richtigen Künstlerhaushalt oder zumindest das, was man sich darunter vorstellt. Am Küchentisch sitzen immer illustre Gäste, es wird Rotwein getrunken, viel geraucht und heiß diskutiert. Annemarie und Hans-Christian sind großartige Gastgeber, ihre Tür steht allen offen, und wenn man nachts mal nicht mehr nach Hause will (oder kann), findet sich immer ein Eckchen für die Gästematratze. Hans-Christian ist allerdings umtriebiger, als Annemarie lieb ist. Gut aussehend und charmant, liegen ihm die Frauen zu Füßen, und Annemarie weiß, dass er nichts anbrennen lässt, wenn er auf Tournee oder beim Drehen ist. Trotzdem hält sie zwölf Jahre durch. Als sie sich schließlich in einen Malerkollegen verliebt und sich Hans-Christian offenbart, dreht er durch. Er betrinkt sich, und schließlich schlägt er Annemarie ins Gesicht. Luca, damals neun Jahre alt, muss die Szene mit ansehen. Er wacht von dem lauten Geschrei seiner Eltern auf und tappt in die Küche. Annemarie packt sofort das Nötigste ein, schnappt sich den Sohn und verlässt die gemeinsame Wohnung.

Gleich am nächsten Morgen wendet sie sich an eine Kinderpsychologin. Die gibt ihr den dringlichen Rat: Nehmen

Sie dem Kind nicht den Vater weg, indem Sie ihn dämonisieren!

Annemarie trennt sich von Hans-Christian, doch sie teilt sich mit ihm die Kinderbetreuungszeiten zu gleichen Teilen. Er hört auf, Alkohol zu trinken, und beginnt eine Therapie. Ein halbes Jahr nach der Trennung bekommt Annemarie die Chance auf ein sechsmonatiges Künstlerstipendium im Ausland. Schweren Herzens ringt sie sich durch, die Chance wahrzunehmen, und Luca zieht in der Zeit ganz zu seinem Vater. Hans-Christian muss Verantwortung übernehmen und tut das, was all die Jahre zuvor immer Annemarie getan hat: Er kocht und wäscht die Wäsche, er putzt und betreut die Hausaufgaben. Er geht mit seinem Sohn zum Arzt und bringt ihn zum Fußball. Er steht mit ihm morgens auf und schmiert ihm Pausenbrote. Er verzichtet in dieser Zeit auf Theaterengagements und Drehtermine, die außerhalb des Wohnorts liegen.

Als Annemarie nach einem halben Jahr zurückkehrt, sind Luca und sein Papa glücklich und ausgeglichen. Die gemeinsame Zeit hat sie verändert und zusammengeschweißt.

Heute ist Luca achtzehn. Er ist ein toller und charakterfester junger Mann. Er hat einen kleinen Bruder, um den er sich liebevoll kümmert. Hans-Christian hat mit einer neuen Frau noch mal ein Kind bekommen. Auch Annemarie hat wieder geheiratet. An Weihnachten sitzt die gesamte Patchwork-Familie glücklich zusammen.

Es liegt auf der Hand, was ich damit sagen will – gerade das letzte Beispiel veranschaulicht es auf die beste Weise: Vergesst eure Kinder nicht!

Im Trennungsschmerz neigen wir dazu, *uns* ins Zentrum der Krise zu stellen. Jeder soll sehen, wie verletzt wir sind, vor allem aber der ehemalige Partner. Wir wollen ihm um jeden Preis wehtun, ihn treffen, wo immer wir ihn treffen können. Und manchmal greifen wir dabei leider zu den Waffen, die uns am nächsten sind und von denen wir wissen, dass sie am empfindlichsten verletzen können: den Kindern.

Kinder werden bei Trennungen oftmals direkt und sehr bewusst instrumentalisiert, oder ihre Eltern erkennen schlichtweg nicht, was sie ihnen in ihrer Wut und ihrem Schmerz antun. Dabei geht es doch in vorderster Linie um sie, um die Bedürfnisse der Kinder. Wir können uns einen neuen Partner, eine neue Partnerin suchen – die Kinder haben keine Wahl. Sie sind einer Trennungssituation hilflos ausgeliefert, weshalb wir jede zusätzliche Traumatisierung unbedingt vermeiden sollten.

Was nicht heißt, dass man sich aus einer bestehenden, aber nicht funktionierenden Partnerschaft nicht lösen sollte. Unsere Kinder haben – für mich doch überraschend – die Trennung von Torsten und mir auch als Besserung hinsichtlich des Binnenklimas wahrgenommen. Als Torsten auszieht, spüre nicht nur ich, dass sich im Haus Entspannung breitmacht – auch die Kinder registrieren das sehr genau.

Erst jetzt gestehen sie mir, dass sie in den drei Jahren zuvor durchaus gemerkt haben, dass unsere Ehe nicht mehr das ist, was sie einmal war. Und dass sie darunter gelitten haben. Das hat uns beide, Torsten und mich, sehr erschüttert, und ich habe erneut feststellen müssen, dass Kinder (und Tiere) sehr gute Seismografen sind. Beide, Sohn und Tochter, sind traurig, dass Torsten und ich auseinandergehen – keine Frage. Aber sie verstehen, was los ist, und nun sehen sie, dass es uns – zumindest mir, und ich wohne ja ständig mit ihnen zusammen – viel besser geht.

Das liegt natürlich daran, dass sie groß sind und man ihnen die Wahrheit zumuten kann, was alles sehr viel einfacher macht. Wir haben aufrichtig und ehrlich mit ihnen gesprochen, was in unserer Ehe schiefgelaufen ist und warum wir uns auseinandergelebt haben. Sie können es verstehen und finden beide, dass es so, wie es jetzt ist, entspannter ist.

Ich bin heilfroh, dass meine Kinder groß sind, das macht alles sehr viel einfacher. Die Vorstellung, jetzt alleinerziehend mit zwei Kleinkindern zu sein, ist beängstigend, und ich habe die allergrößte Ehrfurcht und Bewunderung für Frauen, die das schaffen. Viele müssen Vollzeit arbeiten, bekommen keinen oder zu wenig Unterhalt und leben in prekären Verhältnissen. Ich weiß, dass ich mit der Trennung von meinem Mann nur deshalb so positiv umgehen kann, weil ich an meiner Seite fast erwachsene Kinder habe, die mir Stütze und Hilfe sind. Natürlich versorge ich sie, unterstütze sie, fühle mich in jeder Hinsicht verantwortlich – aber ich kann sie bitten, die Wäsche zu machen, abzuspülen, mit dem Hund Gassi zu gehen. Ich muss keine Betreuung für sie organisieren – im Gegenteil, sie entlasten mich, wenn es darum geht, dass unser depressiver Hund nicht allein bleiben kann. Außerdem muss ich abends nicht mutterseelenallein und traurig den Fernseher anstarren – bei uns ist immer Leben im Haus, zumindest so lange, bis wir alle die Trennung einigermaßen verschmerzt haben.

Natürlich sind unsere Kinder enttäuscht von Torsten. Er hat versucht, ihnen zu vermitteln, dass das Auseinanderbrechen unserer Ehe nichts mit ihnen zu tun hat, aber unsere Tochter erkennt schnell, dass das nicht so einfach ist. Denn auch sie fühlt sich hintergangen. Das Doppelleben, das Torsten drei Jahre lang geführt hat, hat auch hinter dem Rücken der Kinder stattgefunden, sie haben also alles Recht, sich betrogen zu fühlen.

Natürlich wäre es für mich ein Leichtes, jetzt in die Opferkerbe zu hauen. Der böse Papa, die arme Mama! Aber ehrlich: Die Kinder hören uns streiten, sie sehen, wie ich tagelang verheult durch die Gegend laufe. Sie erfahren von Torsten, dass er eine Freundin hat. Sie können sich selbst ein Bild machen, und genau das tun sie.

Was ich auch nicht will: das Mitleid der Kinder. Ich fände nichts verwerflicher, als den Kindern die Verantwortung aufzubürden, sich in dieser Situation um ihre verletzte Mutter kümmern zu müssen. Dass sie besonders erwachsen und vernünftig sein müssen, damit sie mir ja keinen Ärger machen! Sie sind Teenager, und sie sollen ausleben, was sie ausleben wollen – unsere Kinder sind mir ohnehin manchmal zu brav. Ja, es wäre manchmal so leicht, mich hinzusetzen, ein bisschen traurig zu gucken und mich damit ihrer Liebe – oder vielmehr ihres Mitleids – zu versichern. Sie sollen auf mich und natürlich auch auf Torsten nicht mehr Rücksicht nehmen als sonst auch. Außerdem möchte ich nicht, dass sie später irgendwann beim Psychiater sitzen und sich darüber beschweren, dass ich ihnen meine Probleme aufgebürdet habe.

Es wäre auch insofern nicht fair, als dass ich ja den ganz großen Kinderbonus habe: Wir sind jetzt eine neue kleine Familie, wir drei. Eine Einheit zu dritt, wo wir vorher zu viert waren. Zwar muss ich mich allein um die Kinder kümmern, aber ich habe sie auch für mich. Wir spielen am Abend zusammen Monopoly, wir gucken »Game of Thrones«, wir grillen, wir machen Ausflüge. Ich begleite meine Tochter komplett durch ihr Abitur, ich bin mittags da, wenn sie aus den Prüfungen kommt. Ich hole meinen Sohn von der Schule ab, wenn er Migräne bekommt, bringe ihn ins Bett und verwöhne ihn. Als unsere Tochter volljährig wird, bin ich es, die mit ihr die Party vorbereitet und ihr morgens als Erste gratulieren darf.

So habe ich die ganze Arbeit, aber auch das Vergnügen. Ich habe alles, Torsten hat nichts. Oder zumindest wenig. Denn da er nicht in der Nähe wohnt, sondern nur einmal im Monat ein paar Tage zu Besuch kommt, geht vieles an ihm vorbei. Und es ist eine wichtige Phase im Leben unserer Kinder.

Was also hätte ich davon, ihn bei den Kindern schlechtzumachen?

Ich würde ihnen ihren Vater, den sie ja doch lieben und weiterhin lieben sollen, wegnehmen. Sie einander entfremden. Diese Macht habe ich, und das spüre ich ganz genau. Die Kinder sind sowieso auf meiner Seite. Auch, wenn ich oft betone, dass an der Entfremdung unserer Ehe wir beide »Schuld« haben. Was für die Kinder schwerer wiegt, ist: Papa hat eine andere Frau. Und das schon drei Jahre lang.

So traurig es für Torsten ist – das kann er nicht mehr wegradieren. Das ist ein Makel, ein Vertrauensbruch, der immer an ihm haften bleiben wird.

Aber will ich, dass unsere Kinder ihren Papa deshalb weniger lieben?

Klare Antwort: auf gar keinen Fall! Das würde ich nicht

auf meine Schultern laden wollen. Denn ganz ehrlich: Meiner Enttäuschung darüber, dass ich mich von Torsten nie genug unterstützt gefühlt habe, habe ich in der Vergangenheit oft genug freien Lauf gelassen. Habe laut vor mich hin geschimpft, wenn Torsten, anstatt mit dem Hund Gassi zu gehen, ein spannendes Tennismatch im Fernsehen verfolgte. Oder die Geschirrspülmaschine nicht genau dann ausräumte, wenn ich es wollte.

Torsten ist unglaublich unpünktlich, immer schon gewesen, und die Kinder durften sich von klein auf meinen Ärger darüber anhören – natürlich haben sie das längst adaptiert. Wenn wir in den Urlaub fahren wollen, sitzen alle im Auto, nur Torsten steht noch unter der Dusche. Natürlich war ich sauer. Und natürlich habe ich lauthals über ihn geschimpft. Und nein – es wäre mir nicht im Traum in den Sinn gekommen, ihn in solchen Situationen zu verteidigen (»Kinder, seid doch froh, dass wir die Fähre verpassen, euer Papa ist schließlich ein sehr reinlicher Mensch, mir ist lieber, er duscht und duftet gut. Was ist schon eine verpasste Fähre! Kommen wir eben einen Tag später im Urlaub an, wen interessiert's?«).

Will sagen: Ich habe oft kein gutes Haar an ihm gelassen, da muss ich nach der Trennung nicht noch eins draufsetzen. Denn wem würde ich am Ende damit schaden? Nicht Torsten, sondern den Kindern. Und dadurch auch wieder mir selber. Abgesehen davon, dass ich mich nicht mehr im Spiegel ansehen könnte.

»Da ist sie wieder, die Mutter Teresa.« Sabine zieht missbilligend die Stirn in Falten. »Ich habe meiner Tochter oft genug gesagt, dass Nils ein Arsch ist. Und weißt du was? Sie nimmt ihn in Schutz.« Sabine ist der Meinung, dass ihre Tochter alt und mündig genug ist, sich ihr Geschimpfe über Nils (und umgekehrt, ich bin sicher, dass auch Nils an Sabine kein gutes Haar lässt) anzuhören, es aber einordnen und sich selbst eine Meinung bilden zu können. Mag sein. Aber hinterlässt das bei den Kindern ein gutes Bild? Dabei kommen weder Sabine noch Nils besonders gut weg.

Was meine eigene Situation anbetrifft, beobachte ich noch einen anderen positiven Effekt. Seit Torsten die Kinder nicht mehr rund um die Uhr hat, interessiert er sich wieder mehr für ihre Belange. Nicht, dass ihm die Kinder jemals egal waren. Er war immer ein toller Papa, aber ich behaupte mal: Je vielfältiger die Baustellen, je komplexer die Themen der Kids, desto überforderter war ihr Vater.

Als unsere Kinder klein sind bis hinein ins Grundschulalter, ist Torsten mit Feuereifer Papa. Er badet die Kinder, zieht sie an, liest vor, kocht für sie, und füttert. Was er nie auf dem Schirm hat (und außer Xaver kenne ich keinen Vater, der das draufhat), sind die ganz alltäglichen Belange: Wann ist die Prophylaxe beim Zahnarzt? Könnte es sein, dass der Sohn Einlagen braucht? Welche U-Untersuchung beim Kinderarzt steht an, und wenn ja, wann?
Wenn ich ihm sage, dass er unsere Tochter zum Zahnarzt begleiten soll, weil die Weisheitszähne herausmüssen, ist er selbstverständlich zur Stelle. Er fährt sie hin, hält ihre Hand, als sie die Narkose bekommt, sitzt neben ihr, als sie aufwacht, trägt sie ins Auto und vom Auto ins Bett. Aber den Termin habe ich vereinbart. Und den Antrag bei der Kasse auf Kostenerstattung stelle ich auch.

Das klingt erst einmal nach fairer Arbeitsteilung, aber das ist es nicht. In der Regel haben Mütter, zumindest die meisten, die gesamte Familienlogistik im Kopf. Wer, was, wann, wie. Das ist verdammt anstrengend! Wie oft hätte ich gern getauscht! Wie sehr hätte ich mir gewünscht, dass mir Torsten einen Zettel in die Hand drückt, auf dem steht, dass ich zwei dunkelblaue Strumpfhosen Gr. 104 für die Tochter und eine Winterjacke Größe 98 für den Sohn besorgen muss! Dass er mich daran erinnert, dass ich am Abend zum Elternabend muss. Dass er sich die Impfbücher ansieht, um herauszufinden, wer wann eine Auffrischung braucht.

Kinder nehmen das sehr genau wahr. Sie wissen, wer dieses feine Netz der Vollversorgung um sie spinnt. Und es ist beruhigend für sie – egal, wie alt sie sind, das betrifft die Großen natürlich genauso –, dass das nach einer Trennung nicht wegbricht.

Allerdings führen Trennungen oft genug auch dazu, dass Kinder plötzlich die doppelte Vollversorgung bekommen – von beiden Elternteilen.

Unsere Kinder waren zum Beispiel immer ein bisschen neidisch auf Maria, die Nachbarstochter, die in allen Ferien in den Urlaub fahren durfte. Ostern mit Papa zum Skifahren, Pfingsten mit Mama an den Gardasee. Im Sommer mit Papa nach Südfrankreich und anschließend mit Mama nach Dänemark. Im Herbst mit Papa eine Städtereise, im Winter mit Mama in die Berge. Was für ein Luxus! Welches Kind hat das schon! Und die Berge von Geschenken, mit denen Maria von ihren beiden Familien und einem neuen Großelternpaar versorgt wurde! Als ich einmal damit argumentierte, dass die arme Maria aber nicht mehr mit Papa *und* Mama in einem Haus wohnte, schaute unsere Tochter mich mitleidig an und meinte trocken: »Mama, sie hat jetzt *zwei* Papas und *zwei* Mamas!«

Eins zu null für sie.

Mit zwei Mamas und Papas, permanenten Ferienreisen und einem Berg von Geschenken können wir nicht aufwarten, aber natürlich gibt es auch in dieser Beziehung einen positiven Effekt, den beide Kinder schnell spüren: Torsten ist – gerade durch die fünfhundert Kilometer, die er nun von uns entfernt wohnt – an den Tagen, an denen er die Kinder sieht, sehr viel präsenter. Er kommt, um sie zu sehen, etwas mit ihnen zu unternehmen, und er stellt sich zu hundert Prozent darauf ein.

Im Sommer hat Torsten mit unserem Sohn eine Woche Urlaub gemacht. Er hat alles selbst organisiert – die Hotels, die Zugfahrten – und Pläne für Sightseeing-Touren gemacht. Es hat hervorragend geklappt.

Früher hätte ich meinem Mann alles aus der Hand genommen, so wie Helena, die die Fußballtickets für Georg bucht. Nicht, weil die Männer es nicht könnten, sondern weil wir Frauen glauben, dass wir es besser machen. Schämen sollten wir uns!

Unser Sohn kommt jedenfalls freudestrahlend aus dem Urlaub zurück. Er hat viel mehr von Torsten gehabt als früher, wenn wir zu viert fuhren (was selbstverständlich andere Vorteile mit sich brachte). Es war ein toller Papa-Sohn-Urlaub, *full quality time,* abendliches Biertrinken inklusive.

Trotzdem.

Trotz allem Verständnis für die Situation, trotz der spürbaren Entspanntheit ihrer Mutter – auch an unseren

Kindern geht das Auseinanderbrechen der elterlichen Ehe nicht spurlos vorüber. Es wäre auch gruselig und spräche nicht eben für unser Familienleben, wenn dies nicht so wäre.

So sagt unsere Tochter zum Beispiel ihre Abiturfeier kurzfristig ab. Sie hat keine Lust, sich von uns feiern zu lassen und heile Familie zu spielen. Lieber fährt sie ein paar Tage mit Freunden weg.

Ein halbes Jahr nach der Trennung geht sie auf Weltreise. Die Reise ist lange geplant, seit zwei Jahren spart sie darauf, hat alles zusammen mit einer Freundin minutiös geplant. Ich freue mich für sie und bin überzeugt, dass es ihr guttut, von all den häuslichen Konflikten, von dieser »Emo-Bude« Abstand zu gewinnen. Überdies ist es für mich schön, dass ich mich auf unseren jüngeren Sohn konzentrieren kann, der es genießt, zur Abwechslung wie ein Einzelkind behandelt zu werden.

Auch das erste Weihnachtsfest in der neuen Familienkonstellation wird abgesagt. Unsere Tochter ist sowieso auf Reisen, der Papa ausgezogen. Mein Sohn und ich sind uns einig: Wir wollen unter uns bleiben. Nur wir zwei und die Tiere. Die gesamte Familie, Torsten inklusive, wird ausgeladen.

Darüber ist weder Torsten begeistert, der zumindest seinen Sohn an Weihnachten gern sehen würde, noch der Rest der Familie.

Aber wir haben keine Lust, einen Baum zu kaufen, zu schmücken, einen Großeinkauf zu machen, für alle zu kochen, uns schick anzuziehen. Wir sind jetzt eine kleine Schrumpffamilie, Mama, Sohn, Hund und Kater. Und so wollen wir dieses erste Trennungs-Weihnachtsfest auch feiern. Mit einfachem Essen, im Schlafanzug, mit einem

Brettspiel und ein paar Filmen. Gemütlich, unaufgeregt und nur für uns. Nächstes Jahr werden die Karten neu gemischt, und vielleicht feiern wir irgendwann wie Annemarie, Luca und Hans-Christian: mit einer großen Patchwork-Familie!

Ach ja: Einen Baum habe ich natürlich doch besorgt. Ganz ohne fand ich zu traurig. Und einen Lachs habe ich auch selbst gebeizt. Selbst wenn wir nur zu zweit sind: Ein bisschen Feierlichkeit muss sein.

Ganz ehrlich: Ich habe selten ein entspannteres Weihnachtsfest erlebt. Jetzt kann ich mich darauf freuen, wie es sein wird, wenn sie nächstes Jahr alle wieder anrücken. Torsten und seine Familie, meine Familie, unsere Tochter – herrlich!

Die Tiere

*Oder: Wie heilt man
Depression bei Hunden?*

Beim Surfen im Internet entdecke ich auf der Website des Münchener Tierheims eine traurige Meldung: »Jagdhund P. sucht ein neues Zuhause. Er wurde wegen der Scheidung von Herrchen und Frauchen im Tierheim abgegeben. P. leidet sehr unter der Trennung von seinen ehemaligen Besitzern. Er ist unruhig, und es scheint, als warte er ständig auf deren Rückkehr.«

Mein Herz bricht. Ich gucke unter den Tisch, wo zu meinen Füßen unser großes Sorgenkind in den Tiefschlaf gefallen ist.

Familienhund Kasper kam vor zehn Jahren als Welpe in unsere Familie und hat sich sehr schnell in den Mittelpunkt gespielt. Er ist ein klassisches »Einzelkind« und verhält sich auch so. Andere Hunde dürfen wir nicht mal angucken, geschweige denn streicheln. Den alten Kater, dem wir einige Jahre später Asyl gewährten, akzeptiert er nur, weil dieser in seinen Augen kein richtiges Tier ist, sondern ein lebendig gewordener Wischmopp oder ein aus dem Ofen entflohener Braten. Auf jeden Fall kein Tier und schon gar kein Hund, der ihm, Kasper, seinen Platz an der Spitze des Rudels streitig machen könnte.

Als wir Kasper zum ersten Mal besuchen, ist er vier Wochen alt und der einzige Welpe, der nicht mit den vielen Geschwistern umhertollt, sondern sich lieber an den Bauch seiner Mami kuschelt. »Ein Sensibelchen«, sagt die Besitzerin, die sich eigentlich gar nicht von ihm trennen will.

Mit acht Wochen kommt Kasper zu uns, und nachdem Torsten den puscheligen Junghund abgeholt hat, weicht dieser keinen Zentimeter von seinen Fersen. Wie das Gänseküken den Verhaltensforscher Lorenz, akzeptiert auch Kasper meinen Mann als seine neue Mami.

Das soll sich im Lauf der nächsten zehn Jahre ändern. Ich werde stattdessen immer mehr zu seiner Bezugsperson, nicht etwa, weil ich die bessere Hundehalterin bin, aber ich bin die, die immer da ist und den Fressnapf füllt. Torsten muss aus beruflichen Gründen viel reisen, manchmal bleibt er wochenlang weg, in einem Fall sogar vier Monate. Und immer leidet Kasper. Sobald mein Mann aus dem Keller seinen Koffer holt, wird Kasper still und traurig. Er fiept und lässt Torsten nicht aus den Augen. Umso schöner ist es dann, wenn dieser mit Sack und Pack irgendwann wieder in der Tür steht. Wenn ich weggehe oder ein paar Tage beruflich auf Reisen bin, erfolgt dasselbe Spiel.

Kasper ist nur glücklich, wenn sein Rudel komplett ist. Mit der Zeit gewöhnt er sich schweren Herzens daran, dass die Kinder in die Schule gehen oder Herrchen und Frauchen wechselweise, selten auch gemeinsam, mal nicht zu Hause sind.

Aber plötzlich ist alles anders. Natürlich spüren nicht nur die Kinder, dass irgendetwas quietscht in unserer Ehe, auch die Tiere nehmen wahr, dass sich etwas verändert, und zwar nicht zum Guten. Ein paarmal wird bei uns sogar gestritten, das hat es früher kaum gegeben. Wenn mal jemand in unserer Familie laut geworden ist (meistens Torsten), dann hat sich Kasper auf den Dachboden verzogen.

Dort sitzt er nun immer öfter. Die Ohren ängstlich angelegt, schaut er besorgt nach unten, dorthin, wo er meinen Mann und mich streiten hört. Unser Sohn setzt sich die Kopfhörer auf die Ohren und dreht die Musik lauter, die Tochter verlässt das Haus und trifft sich mit Freunden, aber der Hund ist alldem hilflos ausgeliefert. Wir können nicht mit ihm reden, es ihm nicht erklären, also wird er immer trübsinniger.

An dem Tag, an dem Torsten schließlich seine Tasche packt und zu seiner Freundin geht, steht keiner zum Abschied Spalier. Niemand winkt oder küsst ihn und sagt: »Bis bald.«

Jetzt ist alles nur noch: Schweigen.

In den ersten Tagen bleibt Kasper nachts an der Eingangstür liegen, statt es sich im Schlafzimmer bequem zu machen, und horcht auch tagsüber auf jedes kleine Geräusch, das ihm signalisieren könnte: Herrchen ist wieder da!

Beim Gassigehen rennt er nicht wie üblich fröhlich vorneweg, sondern schleicht mit schwerem Herzen widerwillig hinter mir her. Er ist nicht unternehmungslustig, will nicht spielen und nicht fressen. Er hat, das wird uns schnell klar, eine richtige Depression.

Was tun? An liebevoller Zuneigung, Beschäftigung und Ansprache mangelt es Kasper nicht, was also können wir noch unternehmen, um seine Laune zu heben?

Unser Tierarzt, ein zupackender freundlicher Bayer, der bereits ein paar Jahrzehnte praktiziert und mit seiner nüchternen Art schon manchen meiner (auf die Gesundheit unserer Tiere bezogenen) hysterischen Anfälle ausgebremst hat, krault den traurigen Vierbeiner hinterm Ohr und meint zuversichtlich: »Des werd scho wieder.«

Also abwarten und Gassi gehen. Torsten kommt ja bald wieder zu Besuch, er will die Kinder sehen, der achtzehnte Geburtstag unserer Tochter steht vor der Tür, Ostern und schließlich das Abitur. Zwischendurch fahre ich mit unserer Tochter eine Woche weg, mein Ex hütet Haus, Hund und Sohn. Kasper freut sich jedes Mal wie verrückt, wenn das Herrchen kommt, kriegt sich kaum ein vor Freude, aber wenn Torsten dann wieder fährt, wird das Loch, in das unser lieber Hund fällt, immer größer.

Die *Deutsche Jagdzeitung,* der übertriebenen Tierliebe und Vermenschlichung von Vierbeinern sicherlich unverdächtig, widmet dem Thema »Scheidungshunde« sogar einen eigenen Beitrag: »Das unwichtigere Rudelmitglied zu vergessen, schafft der Vierläufer schnell. Im Rudel gibt es auch in der Natur Abgänge. Was es aber in der Wildnis nicht gibt, ist einmal die Woche Rudelmitglied und zurück.«

Das heißt, ich sollte Torsten – dem unwichtigen Rudelmitglied – im Idealfall vom Umgang mit dem Hund abraten. Also hey, auch in der Natur gibt es Abgänge! Er darf die Kinder sehen und Zeit mit ihnen verbringen, aber nicht mit dem Hund? Das ist schwerlich durchzusetzen. Zumal nicht nur Kasper unter der Trennung von seinem Herrchen leidet »wie ein Hund«, sondern umgekehrt auch mein Mann seinen Hund beinahe so vermisst wie seine Kinder.

Der Ratschlag der *Deutschen Jagdzeitung,* »Ignoranz der scheidenden Person hilft«, ist bei uns absolut nicht durchsetzbar. Wir haben über nichts gestritten, Torsten und ich, weder über die Kinder noch über Haus, Auto oder Geld. Aber wehe, ich würde meinem Gatten das Sorgerecht für den Hund entziehen!

Die Kardinalfrage bleibt: Was tun, um die Leiden des Hundes zu lindern? Weil ich nicht warten will, bis »des wieder werd«, wende ich mich an eine Tier-Homöopathin. Die macht eine aufwendige Anamnese, stellt Fragen, die ich nicht beantworten kann (ist das Tier wetterfühlig? Wenn das Tier einkaufen gehen würde, was läge in seinem Einkaufskorb? Wie riecht sein Urin?), diagnostizierte eine depressive Verstimmung (erstaunlich!), gibt mir Pülverchen und Tabletten, verlangt sehr viel Geld und schickt uns nach Hause.

Ich bemühe mich, allen Anweisungen Folge zu leisten (drei Mal am Tag fünf Globuli im Trinkwasser auflösen, morgens und abends je eine Tablette, einen halben Teelöffel Pulver mit dem Futter vermischen, Fressen immer zimmerwarm, Wasser wenigstens entkalkt, besser wäre allerdings, wenn ich es mit diversen Edelsteinen mineralisieren würde).

Kasper bemüht sich weniger, er trinkt lieber das abgestandene Wasser aus der Gießkanne im Garten, spuckt mir die Tablette vor die Füße und lässt sein Fressen noch öfter stehen als ohnehin schon. Ob es daran liegt, dass wir beide das Programm nur halbherzig durchziehen oder die Kunst der alternativen Medizin an Kasper-Depression scheitert, kann ich nicht sagen, nur so viel: Es ändert sich nichts. Mein Mann kommt und geht, der Hund leidet.

Ich lese im Internet eine Menge Ratschläge, neige aber dazu, dem Ratschlag der *Deutschen Jagdzeitung* Folge zu leisten: »Leidet ein Hund unter der Trennung, darf man auf ihn in keinem Fall bestärkend reagieren. Streicheleinheiten während des Jammerns geben dem Hund das gute Gefühl, richtig zu handeln. Sonst wird Waldi ganz schnell zum Dauerjiffer.«

Richtig so! Schluss mit dem Mitleid! Ich weise meine Kinder an, Kasper fortan nicht mehr wie einen Todkranken zu behandeln, und siehe da, es dauert nur wenige Wochen, bis unser liebstes Familienmitglied wieder normal wird. Mir den Ball zum Spielen bringt. Das doofe Seniorenfutter gierig verschlingt. Sich über Herrchens Anwesenheit freut und traurig ist, wenn dieser geht, aber da ich mich jetzt demonstrativ in die Tür stelle, Torsten fröhlich nachwinke und »Bis bald!« rufe, scheint Kasper sich damit zu arrangieren, dass Herrchen wieder auf eine vermeintliche Dienstreise geht. So wie früher.

Jetzt muss ich nur noch aufhören, meinen Mann in seiner Hundesehnsucht zu bemitleiden, denn der befindet sich auf dem besten Wege, der »Dauerjiffer« zu werden.

Unseren steinalten Kater ficht die Trennung übrigens kein bisschen an. Er checkt lediglich ab, ob sich für ihn irgendetwas ändert – ist der Fressnapf voll? Das Bettchen gewärmt? Das Klo schön sauber? –, und da alles in Ordnung zu sein scheint, führt er sein gemütliches Katzendasein unangefochten fort. Soll der Hund doch leiden, der sollte sowieso besser ausziehen.

Als allerdings unsere Tochter, die engste Bezugsperson des Katers, tagelange Reisevorbereitungen trifft, der große Rucksack in ihrem Zimmer voll und immer voller wird, beginnt auch er, sich Sorgen zu machen.

Aber was soll's?, denke ich, ich habe noch ein paar Globuli übrig. Und wenn das nichts hilft, denke ich an unseren Tierarzt. Der hat schließlich nicht so unrecht gehabt: »Des werd scho!«

Die Mütter

Oder: Das richtig schwache Geschlecht?!

»Wieso brauchst du einen Mann?« Sabines Mutter schüttelt verständnislos den Kopf und schiebt mir noch ein Stück von ihrem herrlichen Apfelstrudel hin. Ich nehme mir gern, dazu einen fetten Klacks Sahne, das Zeug muss ja weg. Sabine dagegen isst wie ein Spatz, sie achtet wegen ihres aktuellen Freundes neuerdings auf die Figur.

Weil ihre Tochter auf die Frage hin nur genervt die Augen verdreht, schaut ihre Mutter um Beistand heischend zu mir. Ich zucke nur die Achseln. Natürlich will ich Sabine nicht in den Rücken fallen, aber im Prinzip bin ich derselben Meinung wie ihre Mutter: Wieso braucht Sabine einen Mann?

Sabines Mutter ist achtzig Jahre alt und gerade Witwe geworden. Ihre Ehe war so lala, aber immerhin haben die beiden drei Kinder großgezogen und goldene Hochzeit gefeiert. Der Vater war in den letzten Jahren schwer krank, und Sabines Mutter hat ihn aufopferungsvoll zu Hause gepflegt. Doch nun findet sie: Es reicht. Sie will ihre letzten Jahre allein genießen. Und sie versteht nicht, warum Sabine nach dem Reinfall mit Nils unbedingt wieder einen Neuen braucht.

Dabei werden der Mama nur die »festen Beziehungen« von Sabine vorgestellt. Wenn die arme Frau wüsste …

Ihre Tochter, so findet Sabines Mama, kommt doch gut allein zurecht! Sabine verdient gutes Geld, sie wohnt in einem abbezahlten Haus, die Kinder sind »aus dem Gröbsten raus«. Sabine hat einen tollen Freundeskreis, und auch sonst passt alles. Ein Mann? Der macht doch nur Arbeit und bringt Unglück.

Wie froh wäre ich, wenn ich Sabines Mutter hätte! Jedenfalls im Moment. Meine Mutter liegt mir nämlich beständig in den Ohren, dass ich mich wieder umsehen müsse. Mich binden. In Wirklichkeit meint sie: mich versorgen lassen. Und zwar schnell, weil meine Uhr tickt und ich irgendwann vielleicht keinen mehr abbekomme.

Nicht genug, dass meine Mutter in mir offenbar einen Restposten sieht, sie hat auch nur bedingt Verständnis für meine momentane Lebensfreude, die sicher auch daher rührt, dass ich eben gerade keinen Kerl an mich ranlasse und dass ich mein Leben ohne Mann unglaublich genieße. Außerdem scheint sie zu glauben, dass ich die zwanzig Jahre Ehe mit Torsten einfach so abhaken und vergessen kann, abstreifen wie einen von Motten zerfressenen Mantel.

Das nämlich tut sie.

Als ich meiner Mutter erzähle, dass Torsten eine Freundin hat und wir uns trennen (dieses Gespräch habe ich erst spät geführt, da ich meine Mutter kenne, wusste ich ja, was auf mich zukommt), ist sie völlig verzweifelt und wütend auf Torsten. Wut, die ich nicht hatte. Drei Tage nach meiner Offenbarung steht sie bei mir vor der Tür, bleich und hohlwangig. »Ich kann nicht mehr schlafen, habe Durchfall und muss die ganze Zeit über weinen. Mir geht es so schlecht.«

Auch in der Folge benimmt sich meine Mutter, als sei *sie* verlassen worden und nicht ich. So begrüßt sie meine Kinder bei einem gemeinsamen Essen mit den Worten: »Ich habe alles von Torsten geschreddert! Jetzt geht es mir schon viel besser!« Zum Glück sind mein Sohn und meine Tochter groß und vernünftig, sie kennen ihre Omi sehr gut, lieben sie und wissen ergo ihre Worte einzuordnen. Nicht vorzustellen, wenn meine Mama mit diesem Satz zwei Kleinkinder begrüßt hätte!

Der »geschredderte Torsten« bleibt natürlich ein geflügeltes Wort in unserer kleinen Schrumpffamilie.

Zu Julia raunt sie irgendwann: »Bin ich froh, dass ich den los bin«, aber sie ist überhaupt nicht froh, ganz im Gegenteil, sie tut so, als sei eine wahre Katastrophe über die Kinder und mich – vor allem aber über sie – hereingebrochen. Was mich aber so richtig auf die Palme bringt, ist, dass meine Mutter ständig darauf beharrt, dass Torsten mich in die größte Krise meines Lebens gestürzt habe – was er definitiv nicht getan hat. Sie ignoriert einfach, dass ich mich richtiggehend befreit fühle. Oder, schlimmer noch: Sie nimmt es durchaus wahr, glaubt aber, dass ich mich nur beharrlich weigere, anzuerkennen, wie schlecht es mir eigentlich geht.

Auch gutes Zureden vonseiten der Enkelkinder hilft nicht. Beharrlich spricht meine Mutter von dem, was Torsten mir »angetan« hat. Ich fühle mich in den Gesprächen mit ihr wie ein armes Opfer, und weil ich mich so nicht fühle und auch keine Lust habe, mir das anzuhören, werde ich unangemessen patzig.

»Können wir Mütter tauschen? BITTE!«, sagt Sabine immer dann, wenn ich mich über meine beschwere. »Ich könnte gemeinsam mit deiner Mama Niespulverbriefe an Torsten und Nils verschicken. Oder Hundekacke vor ihrer Haustür anzünden. Deine Mama kann so schön hassen!«

Sabine reibt sich die Hände, während ich nur strafend gucke. Das könnte ihr so passen.

Nun muss ich aber auch eine Lanze für meine Mutter brechen. Sie ist nicht nur eine wahnsinnig liebe und besorgte Mutter, sie ist auch die weltbeste Omi. Von Anfang an hat sie unsere Kinder mit Liebe begleitet, war immer für sie da, hat sich mit ihnen im Spaßbad getummelt oder auf der Skipiste. Sie bastelt hinreißende Adventskalender, liest vor, zaubert aus dem Stand jedes Lieblingsgericht und kam mit den kleinen Kindern genauso gut klar wie mit den fast erwachsenen Teenagern.

Das ist wahrscheinlich auch der Grund, warum mich ihre Reaktion auf unsere Trennung so wunderte. Denn für meine Mutter ändert sich nichts. Einfach mal gar nichts. Sie verliert weder ihre Tochter noch ihre Enkelkinder. Im Gegenteil: Sie ist den ungeliebten Schwiegersohn endlich los! Das wäre doch ein Grund zur Freude!

Denn Torsten ist schon vor zwanzig Jahren die falsche Wahl gewesen. Er war einfach nicht wie mein Papa – ein Mann, dem zeitlebens kein Handwerker ins Haus kam, weil er einfach alles selber machen konnte. Schränke bauen, die Waschmaschine reparieren oder jedes Schloss mit einem Dietrich öffnen. Dass Torsten mit *soft skills* aufwarten kann – er kocht hervorragend, bügelt seine Hemden selbst und kann von Hand nähen –, zählte nicht. Er hat sich bei meinen Eltern erst halbwegs durchsetzen können, weil er irgendwie an den großartigen Enkeln beteiligt war, die ich ja nicht allein gebacken habe.

Im Übrigen war ich bei seinen Eltern genauso unbeliebt wie er bei meinen. Mein Schwiegervater hat es fertiggebracht, mich zehn Jahre lang nicht zu fragen, was ich eigentlich beruflich mache. Es war ihm schlichtweg suspekt, dass auch ich erfolgreich und selbstständig sein könnte.

Beide Beispiele zeigen aufs Schönste, wie verfestigt die Geschlechterrollen in unseren beiden Familien waren, obwohl ich behaupten würde, dass unsere Eltern modern und aufgeklärt waren. Torsten und ich haben uns auch daran ziemlich abgearbeitet, und das hat oft zu Konflikten geführt. Ich habe mich irgendwann geweigert, seine Eltern zu besuchen, gleichzeitig aber zugelassen, dass meine Eltern uns andauernd besuchten. Nicht schön.

Meine Schwiegermutter hatte im Gegensatz zu meiner Mutter wirklich Anlass, besorgt zu sein. Sie hat auf die Nachricht, dass Torsten und ich in Zukunft getrennte Wege gehen, ähnlich aufgelöst reagiert wie meine Mutter. Verständlich, denn sie hatte Sorge, diesen Teil ihrer Familie zu verlieren – maßgeblich die Enkel. Sie wohnt ziemlich weit weg von uns, und wir sehen uns höchstens ein bis zwei Mal im Jahr.

Über die Animositäten der ersten Jahre sind wir nach dem Tod meines Schwiegervaters irgendwann hinweggekommen. Sie liebt ihre Enkel, und es ging ihr ähnlich wie meinen Eltern: Man muss irgendwann anerkennen, dass an tollen Kindern meistens nicht nur ein Elternteil herumgewerkelt hat, sondern beide ihren Erziehungsanteil daran haben.

Meine Mutter kennt in ihrer Bekanntschaft einen ganz fürchterlichen Fall. Freunde von ihr haben einen Sohn. Dieser war verheiratet, aber die Frau trennte sich von ihm. Seine gemeinsame Tochter sah er jedes zweite Wochenende, dann nahmen auch die Großeltern die Gelegenheit wahr, mit ihrem Enkelkind in Kontakt zu treten. Sonst hatten sie keine Gelegenheit dazu – die Schwiegertochter verbat sich das.

Der Sohn, der unter schweren Depressionen litt, nahm sich schließlich das Leben – seitdem haben die Großeltern nichts mehr von ihrem Enkelkind gehört. Auf Mails und Karten erhalten sie keine Antwort. Sie bekommen keine Fotos und auch sonst keinerlei Informationen, wie es dem Mädchen geht. So haben sie auf tragische Weise nicht nur ihren Sohn, sondern auch ihre Enkeltochter verloren.

Mich erschüttert dieses Schicksal sehr, und ich frage mich, ob der Mutter klar ist, was sie da tut. Welche Konsequenzen das für ihre Tochter und letztendlich auch für sie selbst haben wird. Niemand weiß, was sich in der Ehe abgespielt hat, aber dem Mädchen Kontakt mit seinen Großeltern zu verweigern, steht dennoch auf einem anderen Blatt.

Ich kenne die beiden älteren Leute. Die Frau war meine Grundschullehrerin. Ich habe sie sehr geliebt, weil sie immer sanft mit uns Kindern umging und nie ein böses Wort verlor. Es tut mir in der Seele weh, wenn ich an sie denke. Ich bin mir sicher, dass sie eine großartige Omi wäre.

Ich habe meiner Schwiegermutter nach der Trennung dann auch deutlich gemacht, dass ich gar nicht daran denke, sie in Sippenhaft zu nehmen. Genauso wenig wie ich Torsten aus meinem oder dem Leben meiner, pardon, unserer Kinder entfernen will, will ich meine Schwiegermutter verlieren. Auch wir sind in den letzten zwanzig Jahren zusammengewachsen, und sie war, ist und bleibt, solange sie lebt, die Omi.

Wie gesagt: Nichts läge mir ferner, als unsere Mütter, Torstens und meine, in unsere Trennung mit hineinzuziehen. Das Ende unserer Ehe ist eine Sache zwischen Torsten, mir und den Kindern.

Dass Großeltern sich aber unbotmäßig einmischen, ihre Meinung ungebeten kundtun, ihrem Missfallen am Verhalten des eigenen Kindes oder an dem des Partners freien Lauf lassen, empfinde ich als belastend. Als hätte man schon nicht genug an Aufarbeitung und Auseinandersetzung, muss man oft genug auch noch die Eltern im Zaum halten!

Insofern verstehe ich auch Sabines Ärger über ihre Mutter, denn mit ihrer Haltung »Wieso brauchst du denn einen Mann?«, vermittelt ihre Mutter gleichzeitig, dass sie Sabines Ehe als Belastung (für wen eigentlich? Für Sabine oder eher für sich selbst?) empfunden hat. Darauf kann man als frisch Getrennte im Nachhinein dankend verzichten.

Beides ist gleichermaßen demütigend. Meine Mutter, die glaubt, dass ich ohne Mann nicht glücklich werden kann, und Sabines Mama, die der Meinung ist, dass ein Mann das Glück verhindert.

Es ist, wie es schon als Kind war: Man kann es seinen Eltern einfach nicht recht machen. Und mit einer Trennung brechen längst vergessen geglaubte Ressentiments auf, von denen man jetzt erst recht nichts mehr wissen will.

Dabei fallen mir die Globuli ein, die ich für Kasper gegen seine Depression bekommen habe. Ob ich sie vielleicht meiner Mutter unterjubeln kann?

»Pah! Ihr denkt, ihr habt es schlecht getroffen?« Sabine und ich sitzen nebeneinander in der Damensauna. Wir haben das Mütterthema so breitgetreten, dass alle anderen nach und nach die Saunakabine verlassen haben. Nur eine bleibt sitzen. Jetzt platzt sie mit diesem Satz heraus, und wir gucken sie überrascht an – was in der Sauna einer gewissen Peinlichkeit nicht entbehrt.

»Meine Mutter hat bei Parship einen Mann für mich gesucht, ohne dass ich davon wusste«, stößt die Fremde mit einer seltsam triumphierenden Bitterkeit hervor. »Und dann hat sie mich unter einem Vorwand zu den Dates geschickt.«

»O mein Gott, wie schrecklich«, haucht Sabine. Ich pflichte ihr bei.

Die Fremde nickt. »Bis ich gemerkt habe, wie der Hase läuft. Aber da war es schon zu spät.«

Wir starren sie verständnislos an. »Wieso zu spät?«

»Meine Mutter hat sich verliebt.« Die Fremde steht auf und zieht ihr Handtuch von der Bank. »In einen Typen, der auf *mein* Profil geantwortet hat. Jetzt sind sie ein Paar. Er ist in meinem Alter.« Mit einem bitteren Lachen verlässt sie die Sauna.

Sabine und ich bleiben sitzen. Das müssen wir erst mal sacken lassen. Ich bin ganz nah dran, meiner Mutter alles zu vergeben, und ich weiß, dass Sabine das Gleiche denkt. Es geht also immer noch schlimmer.

»Noch ein Aufguss?«, fragt Sabine, und ich nicke.

Schnell alles rausschwitzen. Und meiner Mutter danken, dass sie so ist, wie sie ist.

»Mama«, sagt meine Tochter gerade, »kannst du dir dieses Kapitel bitte unter die Fußsohle tätowieren lassen? Falls ich mich auch mal trennen muss. Dann will ich dich daran erinnern.«

Die andere

*Oder: Wie ich dank der Hilfe
von Mark Zuckerberg herausfinde,
wer sie ist – und es mich plötzlich
nicht mehr interessiert*

»Wenn ich mir vorstelle, wie Nils mit seiner … Pfui, bäh!« Sabine stopft sich die mit Mandeln gefüllten Oliven wie Erdnüsse in den Mund und verzieht dabei angewidert das Gesicht – was ihren Fantasien und nicht den Mandeln geschuldet ist. Wir machen einen Videoabend, und ich habe – zum gefühlten hundertsten Mal – auf Sabines Wunsch den Streifen *Die Teufelin* eingelegt. Ein Streifen, in dem Roseanne Barr bitterste Rache nimmt, weil ihr Mann sie gegen Meryl Streep eintauscht. Ich sträube mich meistens, mit Sabine den Film zu schauen, weil ich das Gefühl habe, dass sie danach nicht mehr zu bremsen ist und ich womöglich Schuld daran habe, wenn sie – wie die Teufelin – ihr Haus in Flammen aufgehen lässt. Denn obwohl Sabine nun schon drei Jahre ohne Nils lebt und sehr viel Spaß (und jede Menge Sex …) dabei hat, stachelt dieser Streifen ihre Eifersucht auf Nils' Assistentin und Geliebte doch jedes Mal aufs Neue an.

»Meinst du, sie ist rasiert?« Sabine dreht sich zu mir um. In ihren Augen flackert es irre. »Diese jungen Frauen, die sind doch alle … ob er darauf steht?«

Ich brabbele etwas Belangloses, versuche zu beschwichtigen, aber Sabine ist nicht zu stoppen.

»Wo haben sie es gemacht? Im Büro? Auf dem Schreibtisch? Am Boden? In der Kaffeeküche?«

Sabine müsste nach all der Zeit, die inzwischen vergangen ist, eigentlich drüberstehen. Es kann ihr doch herzlich egal sein, wann und wo Nils mit seiner Assistentin außerehelichen Sex hatte! Aber das ist es nicht. Sabine ist auf unangenehme Art und Weise wie besessen davon, Bilder wachzurufen, die ich dann nicht mehr loswerde.

Seit drei Jahren frage ich mich nun, ob sie nachts schlafen kann.

»Das Insistieren auf detailgenaue Schilderung dessen, was passiert ist, ist das Schlimmste, was man machen kann. […] Das führt zu Gemetzel«, sagt der Sexualforscher Dr. Christoph J. Ahlers in meiner Lieblingszeitschrift. Insofern habe ich alles richtig gemacht. Im Gegensatz zu Sabine interessiert mich die andere – also Torstens Freundin – nicht die Bohne!

Dabei ist es keineswegs so, dass ich nicht eifersüchtig bin. Im Gegenteil, es hat Phasen in meinem Leben gegeben, da war ich rasend eifersüchtig! Bei all meinen Männern, nicht nur bei Torsten. Aber: Da entsprang das Fremdgeh-Szenario allein meiner Fantasie. Es gab nie einen konkreten Anlass, eifersüchtig zu sein, aber es reichte schon aus, dass mein jeweiliger Partner eine Stunde später als annonciert nach Hause kam. Und schon galoppierten Bilder von schönen, fremden, verführerischen Frauen durch meine Fantasie, die dort draußen, dort, wo ich nicht war oder nicht sein konnte, hinter jeder Hausecke lauerten, um meinen Freund zu unaussprechlichen Dingen zu zwingen.

»Was haben die, was ich nicht habe?« – eine zentrale Frage für den, der eifersüchtig ist, und die auch ich mir in den zahllosen Nächten, in denen ich wegen erwarteter, aber niemals eintreffender SMS wach lag, stellte. Wie mag sie aussehen, die Frau, die meinen Freund gerade küsst? Die unbekannte Verführerin jedenfalls hat keine Hängebrüste, keine Bauchrolle und schon gar keine Cellulite. Sie muss morgens nicht aufstehen, um Pausenbrote zu schmieren, sondern aalt sich frisch geföhnt mit einem Glas Champagner zwischen den Satin-Bettlaken. Sie ist jung, sinnlich, schön – und hat nur auf meinen Alten gewartet.

Wer's glaubt.

Auch Torsten hatte Fantasien, dass ich fremdgehen könnte, vor ein paar Jahren, während meiner Festanstellung als Autorin für eine deutsche Fernsehserie. Ich hatte in der Tat einige gut aussehende Kollegen, die meisten deutlich jünger als ich und bis auf wenige Ausnahmen homosexuell. Wir arbeiteten damals für eine sehr beliebte deutsche Fernsehserie, und der große Erfolg sorgte dafür, dass der Sender uns jede Woche eine Kiste Champagner ins Autorenbüro schickte. Für Außenstehende klang das so, als führten wir ein Glamourleben, tatsächlich saßen wir nach Feierabend auf dem Teppichboden unseres Büros, erschöpft, ausgepowert und in Stricksocken, knabberten Salzstangen und nippten jeder an einem Schnapsgläschen Schampus – oder was eben übrig bleibt, wenn man jeden Abend eine Flasche Veuve Clicquot durch zwölf Mitarbeiter teilt.

Ich konnte Torsten noch so oft versichern, dass mir nichts ferner lag, als fremdzugehen, aber allein die Kombination aus »Arbeit beim Fernsehen«, »Erfolg«, »Champagner«

und »nette Kollegen« war dazu angetan, dass Feuerchen der Eifersucht lodern zu lassen. Dabei hätte ich nicht im Traum daran gedacht, etwas mit einem anderen anzufangen!

Mir macht Flirten wirklich Spaß, vor allem weil ich weiß, dass nichts und niemand in der Lage sein wird, mich tatsächlich zu verführen. Feuern aus der Deckung heraus sozusagen.

Es ist absurd, dass ich einerseits ebenso eifersüchtig war wie Torsten und mir oft vorstellte, mit wem er wohl im Hotelzimmer landete, wenn er beruflich auf Reisen war. Gerade dann, wenn meine »Ich schlaf jetzt mal, gute Nacht«-SMS unbeantwortet blieben. Auf der anderen Seite habe ich es nicht im Traum für möglich gehalten, dass mein Mann sich tatsächlich für andere Frauen interessieren könnte. So wie ich ja auch nicht im Traum daran gedacht hätte, einen anderen zu küssen. Wirklich schizophren!

»Quatsch, das ist nicht schizophren, das ist normal!«, rufen Sabine und Julia aus einem Mund.

»Nicht normal ist, wenn einer es wirklich tut«, schiebt Sabine trotzig hinterher.

Wir stehen zusammen auf dem Weihnachtsmarkt, trinken Glühwein, just dort, wo wir auch standen, bevor Sabine den frevelhaften Betrug von Nils entdeckte. Seither treffen wir uns jedes Jahr an dieser Stelle und betreiben ein bisschen Exorzismus.

»Am schlimmsten fand ich fast, dass es so banal war«, erzählt Sabine. »Dass es diese doofe Assistentin war. Typisch Nils, total fantasielos.«

Wir lachen. Ich finde, da war etwas dran. Wo Torsten seine Freundin kennengelernt hat, weiß ich nicht. Ich will es auch nicht wissen. Etwa auf einer dieser Seitensprung-Webseiten? Oder gar via Tinder? Wie kindisch! Das würde Torsten in meinen Augen lächerlich machen.

»Er hat sich nicht einmal richtige Mühe mit dem Fremdgehen gegeben, und verliebt hat er sich auch nicht!«, moniert Sabine weiter und nimmt dankbar den vollen Becher Glühwein, den Julia ihr hinschiebt. »Er hat einfach das Wild genommen, das schon erschossen vor seiner Tür lag.«

Wir müssen lachen, Julia und ich, doch Sabine ist gar nicht zum Lachen zumute, auch nicht Jahre später. »So eine Tussi, die er jeden Tag im Büro sieht! Das muss man sich mal vorstellen! Nils ist doch nur fremdgegangen, weil die Gelegenheit dazu so günstig war. Zu mehr hat er nicht den Arsch in der Hose.«

Ich pflichte ihr bei. »Das ist ein bisschen so wie zehn Paar Socken kaufen, weil die gerade im Angebot sind. Auch wenn man gar keine braucht.«

»Prost!«, kreischt Julia ausgelassen. »Auf die Liebe im Büro!«

»Iiiih!« Sabine verzieht das Gesicht und schüttelt sich. »Bloß nicht. Lass uns lieber auf was Schönes trinken.«

Tatsächlich findet ein Großteil der Seitensprünge mit Kollegen oder Kolleginnen statt. Das finde auch ich ziemlich deprimierend. Irgendwie hofft man fast schon, dass der eigene Partner, den man ja schließlich für etwas ganz Besonderes hält – oder gehalten hat, sonst hätte man ihn nicht geheiratet –, sich Hals über Kopf verliebt, dass ihm die Liebe passiert, wie sie uns mal passiert ist. Dass es hoffnungslos romantisch ist, dass er sein Herz verloren hat. Das wäre zwar sehr viel schmerzvoller, und ich hätte es unter Garantie gar nicht ausgehalten, aber es hat irgendwie viel mehr Würde, als die Büromaus zu vögeln oder sich eine zu tindern, mit der man ins Bett hüpft und bei der man bleibt, weil es irgendwie bequemer ist, als das große familiäre Hamsterrad auszuhalten, das sich zu Hause dreht.

Als Torsten sich damals »erklärte« und sich allen Ernstes damit entschuldigte, seine außereheliche Beziehung habe am Anfang »nur mit Sex« zu tun gehabt, war ich von der Banalität des Betrugs richtiggehend abgestoßen. Dass der eigene Mann diesem saublöden Midlifecrisis-Klischee entspricht, ist eine tiefe Enttäuschung.

Was haben wir über den Nachbarn gelacht, der sich mit fünfzig selbst einen alten Porsche 911 geschenkt hat.

Oder über Torstens Jogging-Partner Heinzi, der sich Haare transplantieren ließ, weil er aussehen wollte wie Jogi Löw, es aber nur zum Jürgen Klopp brachte.

Wir haben weder an Johnny Depp noch an Mel Gibson ein gutes Haar gelassen, weil die irgendwann einen Midlifecrisis-Rappel bekommen und ihre tollen Frauen für Jüngere verlassen haben. Familie gegen Highlife eingetauscht haben.

Natürlich würden weder Torsten noch Nils zugeben, dass sie in dieses Klischee passen. Bei ihnen ist das selbstverständlich etwas ganz anderes! Aber das sagt unser Nachbar auch. Mit Midlifecrisis hat das nichts zu tun – vorher hatte er halt kein Geld für einen Porsche. Und Heinzi hatte früher noch Haare, was kann *er* dafür, dass die sich ausgerechnet im mittleren Alter dünnemachen?

Tatsächlich nehme ich deswegen auch sofort an, dass Torstens neue Freundin eine Jüngere ist. Kann ja nur so sein.

Es geht also laut seinem Bekunden am Anfang nur um Sex – vor meinem geistigen Auge erscheint also eine frische, straffe, dralle, sexy Maus. Klar, dass ich mich dem nicht stellen will. Ich will gar nicht wissen, ob sie rasiert ist und wo sie und mein Mann es getrieben haben. Aber *so eine* kann ich natürlich leicht in meine Schublade schieben – sie hat, was ich nicht habe, Jugend und immerwährenden Appetit auf Sex. Damit kann ich nicht konkurrieren, auch wenn ich mich noch so anstrenge.

Also bitte ich Torsten, mir nichts von ihr zu erzählen, und versuche, mich davon zu überzeugen, dass ich der jungen Dame meinerseits sehr viel voraus habe: zwanzig tolle Jahre mit meinem Mann, zwei großartige Kinder. Erfahrung, Intellekt, beruflichen Erfolg. Da kommt so schnell keine ran – also Pattsituation.

Kurz nachdem Torsten ausgezogen und bei ihr untergeschlüpft ist, werde ich doch neugierig. Vielleicht, weil ich ein bisschen schadenfroh bin. Jetzt darf *sie* seine Wäsche waschen. Und sich am Morgen über sein überbordendes Mitteilungsbedürfnis freuen. Die doppelte Menge Klopapier kaufen!

Außerdem scheint mir eines ganz klar: Menschen, die sich alle zwei Wochen zu einem Techtelmechtel getroffen haben und plötzlich auf engstem Raum zusammenwohnen – einer von beiden traumatisiert durch die Entfernung zu seiner Familie –, können nur scheitern. Ich glaube keine fünf Minuten daran, dass das gut gehen kann. Schon gar nicht auf Dauer.

Allerdings ist Nils, der Trottel, nun schon ein paar Jahre mit seiner Assistentin zusammen und straft damit meine Annahme Lügen.

Solchermaßen siegesgewiss spioniere ich herum. Torsten hat mal ihren Vornamen fallen lassen, also durchsuche ich gewieft seinen Facebook-Account danach. Tatsächlich. Da ist sie. Alter, Beruf und Name stimmten. Außerdem liked sie jeden seiner Beiträge mit Herz (dass mir das nie aufgefallen ist!). Ich schaue mir ihr Profilbild an, und es passiert – nichts. Es löst rein gar nichts in mir aus. Und nein, sie entspricht nicht der Vorstellung, die ich mir von ihr gemacht habe. Jünger als ich ist sie, das ja, aber weder drall noch sexy noch willig.

Das Bild dieser Frau löst nichts bei mir aus. Ich starre lange darauf, aber die Frau bleibt für mich eine Fremde. Sie hat nichts mit mir zu tun. Außer, dass sie mit meinem Mann schläft. Ich kann beim besten Willen nicht verstehen, was es ist, das sie für Torsten attraktiv macht. Sie ist weder schön noch hässlich. Sie ist mir einfach nur fremd. Und sie wird es bleiben.

Eine Frau, die mich nicht interessiert.

Diese Erkenntnis ist eine Befreiung. Ich muss mich an ihr nicht messen lassen. Sie steht für eine Ecke in Torsten, die ich nicht kenne. Und nicht kennenlernen will.

Es ist, wie Dr. Ahlers sagt: »Es geht nicht um die dritte Person. [...] Die dritte Person ist allenfalls Auslöser für einen Seitensprung, nicht aber die Ursache.«

Ich atme ein, ich atme aus. Keine Eifersucht. Ich bin so frei.

Die Freunde

*Oder: Wie schön zu wissen,
dass ich nicht allein bin*

Als Katharina ihren Mann verlässt, bin ich zum zweiten Mal schwanger – Torsten und ich haben vor zwei Jahren geheiratet, unsere Tochter ist ein Jahr alt. Ihre Kinder sind schon Teenager. Zwar ist Katharina so alt wie ich, aber sie hat früh geheiratet. Mitten im Studium, um genau zu sein. Da ich zu jener Zeit in Berlin wohne und Katharina in München, bekomme ich nicht so viel von der ganzen Sache mit, aber die Empörung unserer Freunde erreicht mich auch sechshundert Kilometer weit entfernt.

»Katharina will ihre Freiheit. Mehr *fun*. Schlägt sich die Nächte um die Ohren. Sie hat einen anderen. Die hat auf alles verzichtet – sogar auf die Kinder!« –, es kursieren viele Gerüchte über Katharinas Gründe, nur wenige sollen sich als wahr erweisen. Aber unsere Freunde sind sich einig: Das ist purer Egoismus! Die moralische Keule, die sie schwingen, trifft Katharina hart. Verständnis hat niemand für sie. Nicht einmal ihre Eltern. Auch ich bin damals der Ansicht, Katharina handle aus rein egoistischen Gründen. Wie kann sie nur! Sie hat doch alles! Ich verurteile sie, weil ich zu wissen glaube, was Familie bedeutet. Was es heißt, Verantwortung für die Kinder und die Partnerschaft zu übernehmen. Weil ich frischgebackene Ehefrau und Mutter bin.

Dabei verkenne ich in diesen Jahren vollkommen, dass ich in meiner eigenen kleinen Filterblase lebe, dass ich nicht weiß, was es bedeutet, wenn man den Jungen, den man mit fünfzehn kennengelernt hat, ein paar Jahre später heiratet. Wenn man sich als Erwachsene nicht mehr in dieser Teenagerliebe wiederfindet. Ich weiß nicht, wie es ist, wenn man voller Elan ein Studium beginnt und einen Beruf vor Augen hat, den man sehr gern ausüben möchte, dann aber schwanger wird und das Studium abbrechen muss. Wenn man unversehens in der Hausfrauenfalle landet, weil der Mann sein Studium fertig macht, sofort einen Job angeboten bekommt und dann – weil mittlerweile zwei Kinder da sind – rund um die Uhr arbeitet.

Ich weiß nichts davon, aber ich schließe mich der gängigen Meinung an: Die Familie zu verlassen, weil man nicht mehr glücklich ist, ist ein No-Go.

Einige Jahre später – unsere Tochter ist gerade eingeschult worden, Torsten und ich sind nicht mehr bis über beide Ohren verliebt, aber unsere Partnerschaft ist stabil, und wir haben uns in unserem Familienleben eingerichtet – bittet ein enger Freund Torsten um ein Gespräch. Als mein Mann spätnachts von dem Treffen zurückkommt, bebt er vor Entrüstung. Der Freund hat ihm sein Herz ausgeschüttet – er hat eine andere Frau kennengelernt. Noch ist nichts weiter passiert, aber in seiner Ehe prickelt es eben nicht mehr, und die Versuchung ist groß.

Es prickelt nicht mehr! Wieder sind Torsten und ich empört, außerstande, die Nöte des Freundes ernst zu nehmen. Stattdessen legen wir unsere eigenen moralischen Maßstäbe zugrunde. Bei uns prickelt es doch auch nicht mehr – na und? Deshalb gleich fremdgehen? Niemals!

Wir kennen den Freund und seine Ehefrau ebenso wie die Kinder aus Zeiten der Krabbelgruppe, die Familie hat genau wie wir gerade den Sprung vom chaotischen Künstlerleben zum halbwegs gefestigten Mittelstandsdasein geschafft. Dass da noch etwas prickeln soll, empfinden Torsten und ich unisono als vermessen. Wir meinen zu wissen, dass wir unsere Partnerschaft gerade auf eine andere, wahrhaftigere Ebene der Zusammengehörigkeit heben, basierend auf dem Gefühl, viel miteinander gestemmt zu haben. Tiefe Verbundenheit statt oberflächlichem Geprickel.

Auch dieser Freund bekommt vom gesamten Freundeskreis eins mit der Moralkeule übergebrezelt. Mit dem Ergebnis, dass er sich seine Verliebtheit untersagt, bei seiner (wirklich großartigen) Frau bleibt und nach einer Paartherapie auch noch eine Psychoanalyse beginnt.
Die macht er immer noch, sein Beruf ist zur Nebensache degradiert, und er fühlt sich bis heute: schuldig.

Nils und Sabine nehme ich in dieser Skandalchronik mal aus. Nils hat es schließlich verdient, in Grund und Boden verurteilt zu werden, die gerechte Strafe für einen, der fünf lange Jahre seine Frau betrügt.
(... und auch, wer das drei Jahre tut. Du bist gemeint, Torsten.)

Zwei Sommer bevor Torsten damit herausrückt, dass er eine Freundin hat, sind wir bei guten Freunden zum Grillen eingeladen. Mit wenigen haben wir so oft über Paarprobleme gesprochen wie mit Ines und Max. Wir glauben, dass die beiden in vielerlei Hinsicht so ticken wie wir: Einstellung zum Leben und zur Gesellschaft, Erziehung, Auffassung von Partnerschaft, Berufsethos und so weiter. Umso überraschter sind wir, als Ines beim Essen plötzlich damit herausplatzt, dass sie demnächst für drei Monate nach Kanada geht. Zu ihrer Jugendliebe. Um herauszufinden, ob sich das vielleicht richtiger anfühlt als die eingefahrene Ehe mit Max.

Mir bleibt der frische Saibling im Hals stecken, Torsten verschluckt sich am Weißwein. Wir sehen uns ungläubig an, überzeugt, dass wir uns verhört haben.

Ein fragender Blick zu Max, aber der zuckt nur hilflos mit den Schultern.

Sie liebe Max, erklärt Ines, ganz klar, sie liebe auch das Familienleben, das sie mit ihm und den gemeinsamen Kindern führe – aber ihr fehle eben etwas. Liebe, Prickeln, Aufregung, leidenschaftlicher Sex …

Da ist es wieder: das Prickeln. Vor vielen Jahren haben wir es abgetan, da sind wir uns noch sicher: Prickeln ist etwas für Jungverliebte. In einer echten Partnerschaft wird es durch tiefere – bessere! – Gefühle ersetzt.

Während Ines erzählt, wie es dazu kommt, dass sie wieder in Kontakt mit ihrer großen Jugendliebe steht, wie sie ihn wiedergetroffen hat und plötzlich alles wieder da ist – das Herzrasen, die feuchten Hände, die Gummiknie –, und vor allem: wie jung und lebendig sie sich wieder fühlt, wird mir zum ersten Mal bewusst, dass mir all das auch fehlt. Dass ich auch gern wieder richtig verliebt wäre und diese Achterbahn der Gefühle noch einmal spüren möchte. Die Schmetterlinge im Bauch. Aber natürlich mit Torsten, mit niemandem sonst!

Dieses Mal schwingt keine Moralkeule, Torsten und ich sind auf der Heimfahrt nach diesem seltsamen Abend ziemlich still. Wir empfinden beide großen Respekt und Mitgefühl für Max, der die Eskapade seiner Frau mit Größe akzeptiert. Natürlich tut sie ihm weh, das hat er im Lauf des Abends gesagt, aber was soll er machen? Sie verlassen? Das kommt nicht infrage, er liebt Ines. Es ihr verbieten? Das würde es nicht besser machen, im Gegenteil, dann würde er sie mit Sicherheit verlieren. Also lässt er sie ziehen in der Hoffnung, dass sie zu ihm zurückkehrt. Weil Prickeln eben nicht ersetzen kann, was sie beide miteinander haben.

Wahre Worte – aber wer hat schon die Herzensgröße, das auszuhalten?

Für Max macht es sich bezahlt. Ines geht nach Kanada und kehrt nach zwei Monaten zurück. Die Jugendliebe genügt ihr nicht.

Sie sagt, es sei richtig gewesen, zu Max zurückzukehren. Sie habe wieder mehr Respekt vor ihrem Mann. Und erstaunlicherweise prickele es auch wieder.

Trennung kann tragisch sein – genau wie mitunter das Zusammenbleiben. In unserem Bekanntenkreis gibt es alle möglichen Fälle von langjährigen guten wie schlechten Partnerschaften. Trennungen, die misslungen sind, aber auch Menschen, die nach dem Auseinandergehen wieder sehr glücklich mit anderen Partnern wurden. Nicht nur in meinem Bekanntenkreis – auch generell ist die gute alte Ehe scheinbar ein Auslaufmodell. Das ist allgemein bekannt, jeder kennt jemanden, der verlassen hat, verlassen wurde. Die meisten Kinder haben Klassenkameraden aus Patchwork-Familien, sie finden das normal, sie sind damit groß geworden.

Und doch erscheint den meisten Menschen eine Trennung als Katastrophe. Als etwas, das nicht vorkommen darf. Als täte sich bei einer Trennung ein alles verschlingendes Loch im Boden auf.

So jedenfalls fühle ich mich, wenn ich auf Nachfragen erzähle, dass Torsten und ich uns getrennt haben. Dass er eine Freundin hat, sage ich anfangs noch nicht, es ist mir peinlich. Vor allem weil jeder, dem ich von der Trennung berichte, sofort ein Gesicht aufsetzt, als sei meine Mutter gestorben. Mit gesenkter Stimme wird mir kondoliert.

In den ersten Wochen genieße ich es, dass ich jedem, der davon erfährt, leidtue. Die Aufmerksamkeit tut gut, außerdem bieten mir sehr viele Freunde und auch Fremde ihre Hilfe an. Ist das nicht toll? Egal, ob es um Hunde-Sitting, Getränkekisten schleppen, Reparaturen im Haus, Sommerreifenwechsel geht – für alle Eventualitäten bietet sich ein freundlicher Helfer an. Ich werde zum Essen eingeladen, damit ich nicht so allein bin, gute Freundinnen bringen mir gern Entspannungsbäder, Alkohol oder Anti-Falten-Masken vorbei. Mein Nachbar, der vor zehn Jahren von seiner Frau verlassen wurde, er ist Ende sechzig und hat vier erwachsene Kinder, macht mir sogar einen Antrag. Er habe ja ein Elite-Abo, aber wenn ich wolle …
Ich lehne dankend ab.
 Ich fühle mich anfangs noch umsorgt und beachtet, habe das Gefühl, nicht allein gelassen zu werden, obwohl ich doch gerade verlassen worden bin. Wunderbar.

»Die Karte spiele ich heute noch«, meint Sabine gelassen.
 »Und das funktioniert? Jahre später?«, wundere ich mich.
 Sabine zuckt mit den Schultern. »Klar, wenn es mir nützt, lasse ich die Alleinerziehende raushängen. In der Arbeit zum Beispiel. Wenn der Chef zum After-Work-Umtrunk einlädt, muss ich nicht mit. Weil alle wissen, dass die Kinder zu Hause auf mich warten.« Sie zwinkert mir zu.

Klar, auch Sabines Kinder sind mittlerweile in einem Alter, in dem sie nicht mehr sehnlichst darauf warten, dass die Mami nach Hause kommt, sondern darum beten, möglichst häufig eine sturmfreie Bude zu haben. Aber egal – warum sollte man diesen Trumpf nicht einsetzen, wenn man ihn hat?

Nach einiger Zeit aber kann ich die Anteilnahme nicht mehr ertragen. Und zwar ziemlich genau von dem Moment an, in dem ich merke, wie gut es mir ohne Torsten geht. Ich will nicht mehr bemitleidet werden – von meinen Freunden genauso wenig wie von Fremden. Keine Haushaltshilfen, Prosecco-Flaschen und sonstige nett gemeinte Almosen. Also schiebe ich fortan jedes Mal, wenn ich erzähle, dass Torsten und ich getrennte Wege gehen, den Satz hinterher: »Aber keine Angst, mir geht es gut. Alles okay.«

Erste Reaktion: Ungläubigkeit. Dann erkläre ich. Dass es uns allen besser gehe. Dass wir in Liebe und Freundschaft auseinandergegangen seien. Dass ich zu Torsten nach wie vor ein gutes Verhältnis habe.

Zweite Reaktion: vorsichtige Akzeptanz. Ich bemühe mich, alles, was ich soeben behauptet habe, auch auszustrahlen, um möglichst glaubhaft rüberzukommen.

Dritte Reaktion: Neugier. Ich erzähle, dass ich mich befreit fühle. Dass ich mein Leben wiedergewinne. Dass ich mich jung fühle, bereit bin für die nächsten dreißig Jahre.

Vierte Reaktion (zu achtzig Prozent Frauen): Klagen über die eigene Ehe.

Belastend! Sobald meine Gesprächspartner begreifen, dass ich das, was ich da sage, auch wirklich empfinde, bricht es aus den meisten heraus: Frust. Angestaute Wut. Neid.

Es ist entsetzlich.
Ich will das nicht.
Auf gar keinen Fall möchte ich mir anhören, wie deprimierend die Ehen anderer Leute sind! Und ich möchte vor allem eines nicht: suggerieren, dass eine Trennung echt supi ist.
Das ist sie nämlich nicht. Wir meistern das wirklich gut, Torsten, die Kinder und ich. Und der Kater. Kasper ausgenommen. Aber das ist (leider) nicht die Regel.
Das wiederum ficht meine Gesprächspartner nicht an.
Seit ich getrennt bin, muss ich mir so vieles über angestauten Ehe-Frust anhören, dass ich mich wirklich frage, ob es irgendwo eine langjährige Ehe mit Kindern gibt, die wirklich funktioniert. In der beide Partner glücklich sind.
Bitte, wenn Sie sich angesprochen fühlen, schreiben Sie mir. Geben Sie mir die Hoffnung auf Eheglück zurück!

Als Kind und junge Frau kannte ich nichts anderes, weil meine Eltern mir die perfekte Ehe vorlebten. Sie waren bis zum letzten Atemzug meines Vaters glücklich. Haben nie gestritten. Waren voneinander nicht genervt und haben den Partner nicht kleingeredet. Kurz: Sie waren nicht normal.

Aber was mir jetzt alles begegnet, ist noch deprimierender als all die getrennten Paare, die ich ohnehin schon im Freundeskreis habe.
Beim Gassigehen zum Beispiel treffe ich eine Nachbarin. Ich sehe sie öfter mal mit dem Hund, aber privat kennen wir uns nicht. Wir wackeln also nebeneinanderher, folgen den Hunden, und sie fragt mich nach Torsten. Sie hat ihn lange nicht gesehen. Ich erkläre ihr, warum das so ist. Das übliche Programm läuft ab: Ungläubigkeit. Vor-

sichtige Akzeptanz. Neugier. Frust über die eigene Ehe. Die Frau erzählt mir, dass sie letztens erst ihren fünfzigsten Geburtstag gefeiert hat. Von ihrem Mann hat sie kein Geschenk bekommen. Er hat es vergessen, hatte keine Zeit. Schließlich nuschelt er verlegen, dass er ihr doch im Sommer einen teuren Tennisschläger gekauft habe. Das sei quasi ihr Geschenk.

Ich bin aufrichtig bestürzt, die Frau redet sich in Rage. Am Abend habe sie dann ein paar Leute eingeladen – ausdrücklich gegen den Willen ihres Mannes, der etwas gegen größere Feiern hat (sind eigentlich alle Männer solche Partymuffel?). Sie amüsiert sich dennoch, freut sich über die Aufmerksamkeiten ihrer Gäste, während sich ihr Gatte schlecht gelaunt an den Rotwein hält. Als er eindeutig zu viel davon hat, geht er ins Bett.

Das Geburtstagskind räumt allein auf.

Am nächsten Morgen steht sie auf, ihr Mann schlief aus. Sie geht mit dem Hund Gassi, deckt den Frühstückstisch und weckt ihren Gatten. Der setzt sich brummig an den Tisch, um nach einem Kaffee zu erklären, dass es ihm nicht gut gehe, und verschwindet wieder im Bett.

Die beiden sind seit dreiunddreißig Jahren verheiratet. Was soll ich dazu sagen? Ihr raten, ihren Mann zu verlassen, weil es auch allein geht? Ihre Töchter sind schließlich groß und leben längst nicht mehr zu Hause.

Das würde ich niemals tun, auch wenn ich merke, dass es in dieser mir bis dato fremden Frau heftig rumort. Als wir uns verabschieden, bin ich mir sicher, dass ihr Mann heute nichts zu lachen haben wird.

Und daran bin ich schuld!

Oder?!

Die Zeit

*Oder: Wie man es schafft,
plötzlich die doppelte Arbeit zu haben
und trotzdem mehr Zeit*

Ich sage nur drei Worte: Putzen. Wäsche. Einkauf.

All das, was einen großen Teil unseres täglichen Lebens einnimmt, reduziert sich plötzlich gefühlt um die Hälfte. Ja, ein Mann schmutzt.
»Weil er nicht selber putzt«, ergänzt Sabine, und da ist etwas dran.
Ich zum Beispiel habe seit Jahren keine Putzfrau mehr. O ja! Ich träume davon, ich wünsche mir nichts sehnlicher! Welche Hausfrau tut das nicht? Morgens die Tür hinter der verschmutzten Bude zuziehen und am Abend in das propere, glänzende Heim zurückkommen, durch das noch ein Hauch von »Der General« weht. Die Scheinchen auf dem Tisch sind weg, dafür aber auch der Berg an Bügelwäsche. Herrlich!

Für mich bleibt das ein Traum. Wir haben es schon mal mit Putzfrauen versucht, aber keine ist bei uns glücklich geworden. Das mag daran liegen, dass Kasper als Junghund mehrfach die Ballerinas unserer letzten Putzfee zerfetzt hat. Oder dass ich nur vier Stunden zahlen konnte, unser Haus mit zwei Kindern und zwei Tieren jedoch einen Putzbedarf von zwei Acht-Stunden-Tagen aufweist. Das macht keine Putzfrau froh.
Ein guter Freund von mir – er lebt allein in einer 45-Qua-

dratmeter-Wohnung, bezahlt seine Maria für drei Stunden pro Woche. Ein Traumjob. Eine kleine saubere Designerwohnung, in der nirgendwo Legosteinchen und Keksreste liegen. Keine winzigen Barbie-Schuhe, die sich in den Haarknäueln der Tiere verstecken. Kein Badezimmer, in dem vier Personen täglich duschen, sich die zum Teil langen Haare bürsten und aufs Klo gehen. Ich würde auch lieber bei meinem Freund putzen. In einer Stunde hätte ich das Appartement auf Hochglanz gebracht, dann würde ich mir einen Kaffee kochen, den Fernseher einschalten und dabei in aller Seelenruhe seine Designerhemden bügeln.

(Seufz.)

Wir haben also keine Fee gefunden, die es lange bei uns ausgehalten hat. Dazu kommt, dass ich zu Hause arbeite, also schreibe. Bei der bloßen Anwesenheit Fremder geht das nicht mehr. Ich bringe keinen Buchstaben aufs Papier, kann keinen einzigen klaren Gedanken fassen. Das mag eine Marotte sein, aber da ich ansonsten ganz normal bin, gestehe ich mir diese kleine Künstlerecke zu.

Für eine Putzfrau müsste ich mir freinehmen. Einfach so einen freien Tag unter der Woche einlegen geht nicht. Und wo sollte ich mich auch rumdrücken? Früher, als wir es das erste Mal mit einer Putzfee probierten, ging ich in die Bibliothek, aber auch da versiegte mein kreativer Fluss. Zu viele fremde Leute um mich herum. Und jede Woche mehrere Stunden mit Recherche zu verbringen, war ohnehin unnötig.

Und so putze ich zu Hause selbst, und zwar dann, wenn es mir gerade in den Kram passt. Eine herrlich meditative Beschäftigung, bei der ich gut über meine Arbeit nachdenken kann. Wenn es bloß nicht so anstrengend wäre! Anfangs versuche ich noch, alle Familienmitglieder einzuspannen. Das funktioniert gar nicht, weil die nämlich nicht dann putzen wollen, wann es mir, sondern wann es ihnen passt (also nie). Und weil sie darüber hinaus so schlecht putzen, dass ich stets noch einmal hinterherwischen muss. Da kann ich es auch gleich selbst machen.

Sie erkennen hier Zwanghaftigkeit? Kontrollwahn? Ich? Niemals!

Seit Torsten weg ist, muss ich sehr viel weniger sauber machen. Zwar schleppt Kasper nach wie vor kiloweise Sand und Waldboden an Bauch und Pfoten mit herein. Aber Herrchen stapft nicht mehr mit den lehmigen Schuhen hinterher. Das Büro von Torsten, das sich bei uns im Haus befindet, habe ich abgeschlossen und lasse es verrotten. Wenn er zu Besuch kommt und dort übernachtet, muss er selbst für Ordnung sorgen. Bis jetzt hat er es noch nicht für nötig befunden. Gut so, nicht mein Bier.

Zum Putzen nun gehören ja auch so Tätigkeiten wie das Einmotten der Sommerklamotten im Herbst und das der Wintersachen im Frühling. Leider hat Torsten ein Jacken-Mantel-Hut-Faible. Er besitzt tonnenweise Wintermäntel, Übergangsjacken, Tweed-Sakkos und dazu die jeweils passende Kopfbedeckung. Eine logistische Herausforderung, den riesigen Haufen zweimal im Jahr zu sortieren, zu lüften, zu waschen, in die Reinigung zu bringen.

Natürlich kann man jetzt einwenden, das komme ja nur zwei Mal im Jahr vor, falle also nicht groß ins Gewicht. Aber wie immer summiert sich all das, was ich täglich für meinen Mann – und natürlich erst recht für Kinder – tue, zu einem Teilzeitjob. Zusätzlich zu meinem Vollzeitjob.

Ich organisiere die Arzttermine für die ganze Familie

und übernehme die Ferienplanung inklusive aller Buchungen und der Packorganisation. Werkstatttermine fürs Auto vereinbare ich – meistens bringe ich den Wagen auch hin. Ich sortiere aus, was zum Wertstoffhof gefahren werden soll, und ich kümmere mich darum, dass die Hecke geschnitten wird (nachdem bereits der erste Schnee gefallen ist und Torsten es noch immer nicht erledigt hat, rufe ich – wer sonst? – einen Gärtner an).

Für die Treffen mit Freunden bin ich ebenfalls zuständig. Würde ich das Torsten überlassen, würde er zwar nach wie vor seine Joggingrunden mit Heinzi drehen oder zu seinen Schafkopftreffen gehen, mehr aber auch nicht. Essenseinladungen, Kinoabende mit befreundeten Paaren – Fehlanzeige. An so etwas denkt Torsten nicht, freut sich aber, wenn ich ihm mitteile, dass wir verabredet sind.

Auch paradox. Torsten beklagt sich über zu wenig Paar-Zeit – aber wer bucht als Antwort darauf den Tangokurs? Na? Naaa? Genau.

Die Geschenke für seine Mutter besorge ich. Genau wie ich mich auch um sie kümmere, wenn sie uns besucht. Ich unterhalte sie beim Frühstück, weil Torsten gern noch liegen bleibt. Gehe mit ihr Gassi, organisiere Ausflüge für sie. Beziehe das Gästebett, lege ihr ein Betthupferl aufs Kissen und putze nach ihrer Abreise das Gästezimmer.

Um keine Missverständnisse aufkommen zu lassen: Ich finde das auch völlig in Ordnung! Torsten und ich sind verheiratet, das gehört dazu. Niemals hätte ich mich über all das beklagt. Das war mein Leben.

Aber jetzt, wo all das wegfällt, spüre ich die Zentnerlast, die von meinen Schultern fällt. Ich genieße es so sehr, dass all diese Jobs plötzlich verschwunden sind!

Am ersten Wochenende, nachdem Torsten das Haus verlassen hat, komme ich mit Kasper vom Morgengassi nach Hause. Ich ziehe die Zeitung aus dem Kasten, schließe die Wohnungstür auf, gebe dem Hund sein Fressen. Lege Sets auf den Wohnzimmertisch und gehe in die Küche, um das Geschirr zu holen. *Same procedure as every weekend.* Plötzlich überfällt mich die Erkenntnis: Ich muss gar keinen Tisch decken! Keinen Wurst- und Käseteller hinstellen, keine Eier kochen, keinen Saft einschenken.

Ich. Bin. Frei!

Stattdessen koche ich mir eine Tasse Tee und schmeiße mich mit der Zeitung aufs Sofa. Ich frühstücke nämlich nicht gern. Und die Teenager lümmeln sowieso bis mittags in ihren Betten. Wozu also einen opulenten Frühstückstisch decken? Das ist vorbei! Juchheißa! Zwei Stunden später habe ich die Zeitung ausgelesen und bin tiefenentspannt. So wird das von nun an immer sein.

Natürlich freue ich mich jetzt schon darauf, wenn mich später, wenn sie längst ausgezogen sind, meine Kinder besuchen kommen. Dann werde ich jedes Wochenende mit besonderer Freude einen üppig beladenen Frühstückstisch decken!

Selbstverständlich hat Torsten auch mal den Frühstückstisch am Wochenende gedeckt. Vielleicht vier Mal im Jahr. Denn wenn ich ausschlafen durfte – was, das muss ich der Fairness halber sagen, durchaus häufiger vorkam – und er mit Kasper Gassi ging, verschwand er nach seiner Rückkehr stundenlang auf der Toilette. Mit der Zeitung. Und ich deckte wieder den Tisch.

Überflüssig zu erwähnen, dass ich plötzlich auch weniger Wäsche habe. Torsten ist – sonst hätte ich ihn nicht geheiratet – sehr reinlich. Man liest ja immer wieder solche Ekelstatistiken, dass Männer ihre Unterhosen oder Socken mehrere Tage tragen. Oder nicht duschen, nur nach dem Sport. Ihre Ehefrauen haben vermutlich so wenig Wäsche wie ich jetzt. Aber Torsten wäre es niemals in den Sinn gekommen, eine bereits getragene Unterhose am nächsten Tag oder nach der Dusche wiederzuverwerten. Nein, die wanderte Gott sei Dank in den Wäschekorb. Wie so vieles andere auch. Socken, T-Shirts, Handtücher – der Wäschekorb war immer voll.

Das ist er jetzt nicht mehr.

Nun ist es keineswegs so, dass wir anderen immer in stinkigen Klamotten herumlaufen. Nein, auch ich bin da wie Torsten. Aber meine Kinder bunkern die Wäsche lieber in ihrem Zimmer in großen Haufen, als dass sie etwas zur Schmutzwäsche geben. Und wenn sie zwei Stunden vor einer Party feststellen, dass sie nichts, aber rein gar nichts mehr zum Anziehen haben, dann schüttle ich bedauernd den Kopf, zerfließe vor Mitleid und deute vielsagend auf die Kellertür. Selber waschen heißt die Devise.

Weniger Wäsche zu waschen bedeutet auch, weniger Wäsche aufzuhängen. Und abzuhängen. Wegzuräumen und zu bügeln. Es ist ein Traum. Da nun auch die Tochter aus dem Haus beziehungsweise auf Reisen ist, besuche ich den Waschkeller höchstens alle zwei Tage. Höchstens! Und nicht mehr zwei Mal am Tag.

Das gleiche Spiel mit der Geschirrspülmaschine. Ich überlege sogar ganz verwegen, ob ich mir überhaupt noch eine leisten soll, wenn auch mein Sohn einmal ausgezogen ist. Das eine Töpfchen oder Tellerchen, das ich für mich dann brauche, kann ich auch mit der Hand abspülen. Eine glorreiche Zukunft erwartet mich.

Das führt gleich zum nächsten Thema: Energie sparen. Die Helfergeräte wie Staubsauger, Wasch- und Spülmaschine oder Trockner laufen also weniger häufig. Genauso der Fernseher. Torsten wollte jeden Abend mit uns fernsehen. (Eigentlich nur noch mit mir, Halbwüchsige haben bekanntlich Besseres zu tun, als mit ihren Eltern vor dem *Tatort* zu verschimmeln.) Ich dagegen liege gern auf dem Sofa und lese ein Buch. Oder telefoniere mit meinen Freundinnen. Dafür habe ich jetzt nämlich Zeit.

Neulich kam die Jahresabrechnung unseres Stromanbieters. Wir haben nur halb so viel Strom verbraucht wie in den Jahren zuvor. Von der Rückerstattung kaufe ich einen neuen Kühlschrank. Halb so groß wie der alte und mit dem niedrigsten Energieverbrauch.

Das ist der nächste große Zeitfresser: Kompromisse schließen. Was wir unseren Kindern von klein auf mühsam beibringen müssen – dass man nämlich die eigenen Bedürfnisse auch mal zugunsten des Gemeinwohls zurückstellen soll –, wird nach zwanzig Jahren Ehe, Kinder, Haushalt auch schnell zur Last. Was wollt ihr heute essen? Wohin fahren wir in den Urlaub? Welchen Film gucken wir heute? Wer holt Oma vom Bahnhof ab? Fährst du mit Kasper zum Tierarzt? Kann mal jemand die Getränkekisten reinschleppen?

So geht das bei uns Tag für Tag. Ich bin ganz groß im »Committen« verschiedener Bedürfnisse. Ich moderiere zwischen Torsten und den Kindern, mir und den Haustieren. Aber damit ist jetzt Schluss. Ich bin der Boss. Ich bestimme. Was Mama sagt, gilt. Klar, ich mache jetzt auch alles allein, aber da ich mich nicht mehr abstimmen, nicht mehr bitten und darauf warten muss, dass etwas passiert, geht alles einfacher und schneller.

Ein Beispiel: Jeden Mittag stöhne ich ob des Abwasches laut in der Küche vor mich hin. Da Torsten wirklich kein Macho ist, verhallen meine Klagen nicht ungehört – Torsten bietet mir an, den Abwasch zu machen. Und die Geschirrspülmaschine zu befüllen. Ich darf mich dankbar aufs Sofa legen und meiner halbstündigen Pause frönen. Zwar habe ich gelernt, in dieser halben Stunde alles, sogar Anrufe meiner Mutter, an mir abtropfen zu lassen, dennoch registriere ich sehr wohl, dass aus der Küche kein Klappern zu vernehmen ist. Auch kein laufender Wasserhahn oder irgendein Geräusch, das auf Küchentätigkeit schließen lässt. Stattdessen klappt die Klotür.

Einmal zu. Nicht mehr auf.

Nach einer halben Stunde ist meine Dämmerpause vorüber. Ich möchte nun gerne mit der Arbeit fortfahren, doch zuvor will ich mir noch einen Tee kochen. Ich betrete die Küche. Nichts ist passiert. Weil – Sie erraten es –, ich habe ja die Klotür klappen hören.

Weil ich es nicht ertrage, mir in der dreckigen Küche einen Tee zu kochen, und überdies in der Zeit, in der ich das Wasser koche und anschließend der Tee zieht, nicht Däumchen drehend auf das Chaos aus dreckigen Tellern, Gläsern und Pfannen starren möchte, mache ich mich nützlich.

Zehn Minuten später ziehe ich mit frischem Tee aus der sauberen Küche an meinen Schreibtisch ab.

Nach einer weiteren halben Stunde klappert die Klotür erneut, gefolgt von einem tiefen Seufzer. Mit vorwurfsvoller Miene erscheint Torsten vor meinem Schreibtisch.

»Ich hab doch gesagt, ich mach die Küche.«

Ich: »Ja, schon. Aber ich hab mir einen Tee gemacht und … das ging ganz schnell.«

Torsten schüttelt verzweifelt den Kopf: »Du lässt dir ja nicht helfen.«

Er hat recht!
Ich habe recht!
»Ehedilemma *number one*«, sagt Sabine.
Sie hat recht!

»Aber es geht doch um Liebe!«, ruft Julia verzweifelt aus. Wir verbringen einen schönen Freundinnenabend bei ihr, ein Jahr nach meiner Trennung. Julia schwärmt von Reinhard, ihrer großen Liebe. »Ihr könnt Liebe und Beziehung doch nicht auf so etwas Banales reduzieren!«

Sabine und ich gucken uns an. »Doch!« Dann brechen wir in brüllendes Lachen aus, bis uns die Tränen kommen. Es sind nicht unbedingt Tränen der Freude …

Arme Julia. Sie hat nach ewigem Single-Dasein kurz vor ihrem Fünfzigsten einen Mann gefunden. Einen, da sind Sabine und ich uns vollkommen einig, der perfekt zu ihr passt. Reinhard ist wie geschaffen für unsere Julia. Sie leben beide allein. Sind in ihren jeweiligen Jobs voll eingespannt und sehen sich fast nur am Wochenende. Da beide gut verdienen, machen sie das, was gut verdienende Singles so tun: Sektfrühstück auf dem Viktualienmarkt. Shoppen. Und dann noch mal einen Happen essen gehen. Vor dem Sex.

Julia lebt mit Reinhard nicht in einem Haushalt, wäscht also weder seine Unterhosen, noch putzt sie das Bad. Aber Reinhard hat ihr einen »Antrag« gemacht. Er besitzt ein großes Haus, in dem er allein lebt, seit seine Frau und die gemeinsamen Kinder ausgezogen sind. Da wäre genug Platz für Julia.

Sie fragt uns nach unserer Meinung. Sabine und ich müssen keine Sekunde zögern: auf gar keinen Fall! Zumal Reinhard jedes zweite Wochenende seine Kinder bei sich hat. Und dann auch die Großeltern kommen. Sabine und ich wissen ganz genau, wie das für Julia ausgehen wird.

»Denk an Katharina!«, raten wir ihr. Die – Sie erinnern sich – nach fünfzehn Jahren Autonomie doch wieder mit einem Mann zusammengezogen ist und diesen Schritt trotz aller Liebe bitter bereut. Denn sie ist wieder Teilzeit-Hausfrau.

Und da ist noch ein anderer Punkt: Julia, Sabine, Katharina, ich und alle anderen Frauen plus/minus fünfzig haben Schlafprobleme. Als junge Frau habe ich geschlafen wie ein Stein, doch das ist spätestens, seit ich meine Kinder gestillt habe, vorbei. Ich kann weder durch- noch ausschlafen. Wache nachts mehrmals auf und liege wach.

In den letzten Jahren konnte ich überhaupt nur noch mit Schlafbrille und Ohropax einigermaßen schlafen, weil ich von jedem feinen Lichtstrahl, von jedem klitzekleinen Geräusch und von jeder Bewegung, die Torsten neben mir machte, wach wurde. Und wach blieb. Mehrmals habe ich vorsichtig zum Ausdruck gebracht, dass ich mir getrennte Schlafzimmer wünsche, aber Torsten hat meinen Wunsch als das Ende vom Anfang unserer Ehe interpretiert, weshalb ich wieder Abstand davon genommen habe.

Hm. Im Nachhinein betrachtet, wäre das vielleicht gar nicht so schlecht gewesen. Viele Paare behaupten ja, dass erst durch getrennte Schlafzimmer ihre Leidenschaft füreinander wieder richtig aufgeblüht sei.

Geträumt habe ich heimlich von so einer Schlaftonne, wie es sie in Japan gibt. Ein runder kleiner Schlafcontainer, der aussieht wie ein Computertomograf. Klein, kompakt, schalldicht. Passt in jede Ecke. Mutti wäre glücklich aufgeräumt.

Julia sagt, dass es ihr genauso ergeht, wenn sie die Wochenenden mit Reinhard verbringt.

Nur unter der Woche, wenn sie allein ist, geht es einigermaßen mit dem Schlaf.

Eben.

So schön es auch ist, dass da jemand neben einem liegt, man kuscheln kann und sich nicht allein fühlen muss – ein Genuss ist es nur in wachem Zustand. Nach zwanzig Jahren des Nebeneinanderschlafens ist leider der romantische Aspekt ziemlich verbraucht. Außerdem – und auch da sind Torsten und ich kein Einzelfall – schleichen sich mit den Jahren unterschiedliche Gewohnheiten ein.

Ich friere am Abend und möchte keinesfalls, dass im Winter das Fenster geöffnet ist. Torsten dagegen geht als kleiner Ofen ins Bett, ihm kann es im Schlafzimmer nicht kalt genug sein. In der Nacht fange ich an zu schwitzen, mir ist am Morgen brühwarm, ich reiße das Fenster auf. Torsten kühlt über Nacht aus, er liegt jeden Morgen frierend im Bett.

Ich kann abends nicht länger als zehn Minuten lesen, dann fallen mir die Augen zu. Torsten dagegen genießt es, nachts mindestens eine Stunde zu schmökern. Was mich naturgemäß stört. Wir haben es mit einer Leselampe für ihn und mit der Schlafbrille für mich versucht. Umsonst, ein kleiner Lichtstrahl findet immer seinen Weg in mein Bewusstsein. Torsten ist so entgegenkommend und hat das Lesen ins Wohnzimmer verlagert – und ich werde wach, wenn er sich Stunden später ins Zimmer schleicht.

Für Torsten dagegen ist mein Schnarchen eine Zumutung, und wenn ich nachts das Licht anmache, um meine Schlaflosigkeit mit Lektüre zu überbrücken, wacht *er* auf.

Jetzt sind all diese Problemchen wie weggeblasen: Seit Torsten ausgezogen ist, schlafe ich wie ein Bär in seiner Höhle!

Ich habe also mehr Zeit. Ich habe weniger Hausarbeit. Ich schlafe besser. Und jetzt kommt's: Ich sehe besser aus und habe bessere Zähne.

Was auf den ersten Blick völlig unglaubhaft erscheint, kann ich ernsthaft belegen.

Viele Jahre lang bin ich überfordert mit den Ratschlägen meiner Ärzte: Die Frauenärztin verlangt von mir tägliche »Fahrstuhlübungen« zum Beckenbodentraining. »Sind nur fünf Minuten täglich!«

Der Zahnarzt verweist darauf, wie wichtig die tägliche Zahnreinigung mit Zahnseide ist. »Morgens und abends nur zwei Minuten!«

Mein Hausarzt rät mir, täglich ein paar gymnastische Übungen zu machen, um meine sitzende Tätigkeit zu kompensieren. »Zehn Minuten, zwanzig wären noch besser.«

Die Kosmetiktipps für die Frau ab dreißig, vierzig, fünfzig aus diversen Frauenzeitschriften (»Eine effektive Gesichtsmassage – nur vier Minuten, und Sie sehen vier Jahre jünger aus!«) lasse ich bewusst außen vor.

Also Leute, wenn ich all eure Vorschläge und Tipps beherzige, bin ich am Tag locker eine halbe Stunde mit Schönheits- und Gesundheitspflege beschäftigt. Zusätzlich zur Sofapause wäre das eine Stunde täglich Zeit für mich, sieben in der Woche, fast schon ein ganzer Arbeitstag. Ist nicht drin.

Ergo mache ich sowohl die Fahrstuhlübungen als auch Zahnseide oder Schreibtischyoga nur ab und zu. Wenn ich daran denke, wenn ich ein besonders schlechtes Gewissen habe oder kurz vor dem nächsten Arztbesuch. Zeitaufwendige Kosmetikanwendungen (Haarkuren, Masken, die zwanzig Minuten einziehen müssen, oder Fußbäder) kommen für mich sowieso nicht infrage. Das Zeug benutze ich ein, zwei Mal, nachdem ich es geschenkt bekommen habe (oder in einer Panikattacke ob des raschen Alterns selbst gekauft habe), dann ein halbes Jahr später wieder – aber da ist es leider schon eingetrocknet oder schimmlig geworden. Also in den Müll damit!

(Armer Torsten, an was der alles schuld sein soll …)

Das ist jetzt anders. Es dauert nicht lange, bis ich merke, wie viel zusätzliche Zeit ich plötzlich habe. Zeit für mich. Da ich die Zeit nicht in Arbeit investieren möchte, beginne ich, es mir auch außerhalb meiner Sofazeit gut gehen zu lassen.

Nehme ein Entspannungsbad mit Maske und Haarkur.

Benutze jeden Abend Zahnseide und mache einmal in der Woche sogar Fluorid-Behandlung!

Beckenbodenübungen baue ich in mein tägliches Yoga ein.

Ich gönne mir neben dem Friseur alle zwei, drei Monate eine Kosmetikbehandlung.

Meine Frauenärztin sagt: »Super, nichts auszusetzen.«

Der Zahnarzt: »Tolle Pflege, wir sehen uns in einem halben Jahr.«

Die Kosmetikerin: »Ihre Haut ist superelastisch.«

Der Hausarzt: »Sie sind topfit, Glückwunsch!«

Wenn ich so weitermache, sehe ich bald wieder aus wie mit dreißig. Bevor ich Kinder bekommen habe. Eine wundersame Verjüngung hat von mir Besitz ergriffen!

Aber ehrlich, wenn ich es mir recht überlege: Dahin möchte ich nicht mehr zurück. Ich genieße die Zeit, die ich jetzt für mich habe – denn wenn erst die Enkel kommen, ist hoffentlich alles wieder anders.

Die Verwandlung

*Oder: Wie ich hoffe,
dass mich mein neues Leben schön
und schlank werden lässt*

»Wie heißt noch mal das Buch, das du gerade schreibst?«, fragt mich Julia. »So alt, wie ich aussehe, kann ich niemals werden?«

Ich schaue sie entgeistert an. Meint die das ernst?

»Danke für die Blumen«, erwidere ich eingeschnappt.

Da fällt ihr erst auf, was sie gesagt hat, und wir brechen in erlösendes Lachen aus.

Nein, ich steuere zwar die große runde Zahl an, aber ich sehe noch ganz passabel aus. Ein paar Falten im Gesicht, einige Speckrollen um die Leibesmitte, wenige graue Haare an den Schläfen. Und ja, gut, die ersten Altersflecken auf dem Handrücken. Aber ansonsten kann ich zufrieden sein.

Und dennoch. Irgendwie gefalle ich mir nicht so richtig. Ich möchte, dass auch mein Äußeres mit dem Inneren Schritt hält. Will sagen: Wenn ich schon mit Siebenmeilenstiefeln in ein neues Leben stapfe, dann möchte ich, bitte schön, auch so jung und frei aussehen, wie ich mich fühle. Anders als die vergangenen zwanzig Jahre.

Ich möchte mich runderneuern.

Allerdings ohne Botox und Geschnippel. Ganz bio sozusagen.

»Au ja, shoppen«, sagt meine große Tochter und schleppt mich ab in Richtung Innenstadt. Ich hasse shoppen. Ich habe keine Stilsicherheit und lasse mir schnell etwas einreden, was ich dann zu Hause ganz grässlich finde. Aus Unsicherheit, welche Farbe mir steht, trage ich meistens Schwarz. Weil ich es gern bequem habe – nicht nur im Hinblick auf Klamotten –, greife ich oft zu überdimensionierten Hüllen. Absatzschuhe meide ich, weil mir schnell die Füße wehtun. Unterwäsche darf nicht zwicken oder – am schlimmsten! – von der Sorte »Arsch frisst Unterhose« sein. Richtig viel Geld mag ich für Klamotten auch nicht hinlegen, das gebe ich lieber für Urlaub oder Essen aus.

Alles in allem: Ich bin eine sehr, sehr schwierige Shopping-Kandidatin.

Meine Tochter hätte mich in meiner Situation am liebsten zu Guido geschickt, damit ich die nächste Shopping Queen werde, eine Sendung, mit der wir zwei uns gern mal die Samstagnachmittage vertrieben haben. Auf Guido würde ich auch hören, versprochen! Aber ich will nicht ins Fernsehen, außerdem soll es schnell gehen. Ich will sofort eine andere sein.

Als wir an einem Frühlingssamstag losziehen – der erste »freie«, also der erste ohne Torsten –, muss ich meiner Tochter hoch und heilig versprechen, nicht zu den üblichen schwarzen Kuschelhüllen zu greifen. Ich verspreche es – kreuze aber für alle Fälle die Finger hinterm Rücken.

Die tollste Tochter der Welt dirigiert mich in eine Gegend, in der wir noch nie shoppen waren. Zerrt mich in Geschäfte, die ich normalerweise nicht betreten würde. Zupft hier etwas aus dem Regal, zerrt dort etwas vom Bügel, und noch bevor ich die Chance habe, mich selbst umzugucken, drückt sie mir einen Berg Klamotten in den Arm und schiebt mich in die Umkleidekabine.

Mir schwirrt der Kopf, ich sage zu allem, was sie für

mich aussucht, Ja und Amen, und sacke nach zwei Stunden völlig ermattet in einem Café auf einen Stuhl. Ich bin reif für einen doppelten Espresso, einen New York Cheesecake und unbedingt noch ein Glas Prosecco.

Dann geht es weiter: Schuhe, Make-up, Unterwäsche – Pardon: Dessous. Nach vier Stunden brechen mir fast die Finger ab von den schweren Tüten, die Kreditkarte ist leer geräumt, aber ich weiß: Guido wäre stolz auf uns!

Stolz bin ich auch, als ich später zu Hause alle Neuerwerbungen durchprobiere. Stolz auf meine Tochter, dass sie mit sicherem Händchen Sachen herausgesucht hatte, die mir stehen, die anders sind als alles, was ich sonst so trage, und die miteinander kombinierbar sind. Stolz bin ich aber auch auf mein Spiegelbild: dass ich so gut aussehen konnte! Wahnsinn!

Mission erfüllt: Von jetzt an bin ich eine andere!

Dass ich klammheimlich beim Zusammenrechnen der Quittungen ein paar Tränen verdrücke, darf ich meiner Tochter nicht zeigen. Es tröstet mich nur, dass ein professioneller Stilberater noch viel teurer gewesen wäre. Aber nicht besser.

Im Lauf der Woche freue ich mich an der tollen neuen Garderobe. Die schwarze enge Jeans zum Beispiel trage ich, als ich mit Julia und Sabine ins Kino gehe. Beide pfeifen bewundernd und loben meine Beine, die durch die ebenfalls neuen hohen Stiefeletten tatsächlich etwas weniger nach Krautstampfern aussehen als sonst. Während der Film läuft, öffne ich unbemerkt Hosenknopf und Reißverschluss – es zwickt schon ganz schön. Zurück zu Hause, schlüpfe ich sofort in dicke Kuschelsocken und eine Jogginghose. Schön sein fühlte sich ganz schön eng an.

Der neue Blazer bleibt vorerst im Schrank, das gute Stück. Ich beschließe, ihn nur zu besonderen Anlässen auszuführen, er war viel zu teuer, um ihn an »normalen« Tagen aufzutragen. Die bunte Seidentunika mit dem neckischen Push-up-BH darunter trage ich einmal – und nie wieder. Ich bin es nicht gewohnt, dass mir Kerle ungeniert aufs Dekolleté starren, und finde das auch nicht angenehm. Der neue Lippenstift ist mir tagsüber zu knallig, und Make-up muss ich doch nicht auflegen, wenn ich Gassi oder einkaufen gehe.

Zehn Tage nach dem Shopping-Exzess verabschiede ich mich abends von den Kindern, ich bin auf dem Weg zu Freunden, eine Einladung zum Abendessen. Bevor ich die Tür hinter mir schließen kann, hält mich die Stimme meiner Tochter zurück.

»Mama, was hast du denn da an?«, fragt sie mit scharfem Unterton.

Mit schlechtem Gewissen schaue ich an mir herab (als wüsste ich es nicht sowieso …). »Äh … mein schwarzes Strickkleid.«

Sie nickt. Vielsagend.

Das schwarze Strickkleid ist mein Lieblingskleidungsstück. Seit drei oder vier Jahren trage ich es ständig. Ich finde, dass es gut kaschiert, aber durch den tiefen V-Ausschnitt auch sexy aussieht. Außerdem ist es bequem und lässt sich mit allem kombinieren. Zum Beispiel mit den flachen Stiefeln, die ich so gern anziehe – auch heute wieder.

Meine Tochter schüttelt missbilligend den Kopf. »Dir ist nicht zu helfen.«

Das weiß ich. Und sehe zu, dass ich ganz schnell wegkomme, damit ich nicht diskutieren muss. Was meine

Tochter nicht sehen kann: Ich trage immerhin die neue Bauch-weg-Unterhose!

Natürlich müssen die neuen Klamotten nicht im Schrank verrotten, aber ich merke doch: In den letzten Jahren habe ich mir einen Stil zugelegt, den ich nicht mehr so leicht ablegen kann. Ich bin eben ich. Immerhin: Der neue Blazer passt auch zum alten Stickkleid. Und unter der Seidentunika kann ich ein Top tragen. Und die hohen Stiefeletten ziehe ich immer dann an, wenn ich kaum laufen muss.

Aber um eine Veränderung herbeizuführen, muss noch mehr geschehen. Also entscheide ich mich für das Naheliegendste: Haare ab! In der Hinsicht bin ich früher sehr experimentierfreudig gewesen. Von Schwarz bis Weißblond über Hennarot, Pudel-Dauerwelle (die Achtziger!) und Stoppelkopf hatte ich schon alles. In den letzten Jahren allerdings habe ich einfach wachsen lassen, weil ein Zopf oder Knoten immer praktisch ist und man wenig stylen muss.

Der Friseur freut sich, als ich ihm sage, dass er machen kann, was er will, aber schick soll es sein. Also runter mit der Mähne. Es sind sowieso nur Haare und keine Frisur.

Und wieder ein Aha-Erlebnis: Ich kann richtig topmodisch aussehen, Respekt! Meine neue kurze Schüttelfrisur erinnert mich an die Plakate von Vidal Sassoon, als der gerade in Mode kam und sein klarer, kühler Bob dem Gewuschel auf unseren dauerwellgeplagten Köpfen ein für alle Mal den Garaus machte. Stolz trage ich den neuen Kopf zur Schau und heimse Komplimente ein.

Bis ich am nächsten Morgen aufwache. Die kurzen Haare stehen in alle möglichen und unmöglichen Richtungen ab. Ach egal, denke ich, dann spring schnell unter die Dusche und wasch dir die Haare. So kurz, wie die jetzt sind, so schnell trocknen sie auch wieder.

Ich wasche, ich föhne – aber ich sehe immer mehr wie Pumuckl aus. Hilfe!

Krampfhaft versuche ich, mich daran zu erinnern, was der Friseur gemacht hat. Ziemlich viel, wenn ich jetzt darüber nachdenke. Aber weil er dabei die ganze Zeit mit mir geredet hat, habe ich nicht aufgepasst. Schaum ins Haar! Oder war es Wachs? Gel? Egal, ich habe nichts von alledem. Die Haare erst über den Kopf föhnen und dann über die dicke Rundbürste, da bin ich mir ganz sicher, und genauso mache ich es. Meine Rundbürste ist allerdings für meine ehemals schulterlangen Haare, die kurzen greift sie nicht. Ich gerate ins Schwitzen. So ein Mist. Es dauert eine Viertelstunde, bis ich mit meinem Spiegelbild so halbwegs einverstanden bin. Begeistert bin ich nicht und von Vidal Sassoon meilenweit entfernt. Ich beschließe, mindestens sechs bis acht Wochen nicht mehr zum Friseur zu gehen, dann ist die Frisur rausgewachsen, und ich kann die Haare vielleicht mit meiner Rundbürste in Form föhnen. Vielleicht.

Aus der schicken Frisur werden in den nächsten Wochen wieder Haare, und wer schaut mich da aus dem Spiegel an? Genau. Das altbekannte Ich. Nicht das runderneuerte.

Auch wenn es mir nicht passt: Der dritte Versuch, mich immerhin ein wenig zu transformieren, zielt auf den Körper. Ran an den Speck! Bislang reicht es mir, dreimal am Tag ausgiebig mit Kasper spazieren und einmal die Woche zum Yoga zu gehen. Meine Kinder nennen das »Schlafyoga«, und ich gebe zu: Poweryoga ist etwas anderes. In meinem Yogakurs liegen wir sehr viel und spüren nach, was bei einer Übung im Körper passiert. Wir entspannen zu Beginn der Stunde, und am Ende schlafen wir ein (jedenfalls ich). Während der Stunde muss ich andauernd gähnen, und unsere Yogalehrerin lobt mich dafür sehr, weil Gähnen eine so entspannende Übung sei. Bei mir evoziert das sofort, dass ich etwas geleistet habe, und ich bin zufrieden mit mir.

Aber wer möchte, dass sich sein Körper verändert – im Klartext: schlanker und muskulöser wird –, muss mehr tun als Schlafyoga und ein bisschen gähnen.

Joggen kommt nicht infrage – Kasper kann und darf das nicht, und wenn ich nicht nur Gassi gehen, sondern auch noch durch die Gegend joggen muss, kann ich gleich aufhören zu arbeiten. Was Fitnesscenter anbetrifft, bin ich ein gebranntes Kind, ich habe in meinem Leben dreimal ein Abo abgeschlossen und war gefühlt fünfmal im Studio. Außerdem brauche ich feste Zeiten. Wenn man mir die Möglichkeit gibt zu wählen, wann ich Sport mache, dann mache ich ihn nie.

(Was mich an meine Familie und das Putzen erinnert: Unangenehmes erledigt niemand freiwillig.)

Meine Freundin Fiona gibt Sportkurse und lädt mich ein, einen bei ihr zu belegen. Fiona ist in meinem Alter, hat aber den Körper einer Dreißigjährigen. Kein Wunder: Sie gibt zehn Kurse à eineinhalb Stunden pro Woche, und in ihrer Freizeit treibt sie – na, was wohl?! Sport!

Ich habe ein bisschen Manschetten, und fürchte, nicht Schritt halten zu können.

»Ach Quatsch!«, ermuntert mich Fiona. »Das sind alles Hausfrauen wie du, manche sogar *noch* älter.«

Ich fühle mich ein bisschen auf den Schlips getreten, sage aber zu.

Im Kurs sind fünfzehn Teilnehmerinnen. Und ja, es stimmt, einige sind bestimmt gute zehn Jahre älter als ich. Was Fiona aber unterschlagen hat: Ich bin die Dickste. Am liebsten würde ich auf dem Absatz kehrtmachen und gehen, aber da wummern auch schon die Bässe los.

»Und wir marschieren, Ladys!« Fiona strahlt und marschiert zackig los. Dabei werden irgendwann die Arme hochgerissen oder die Knie, wir marschieren, Fiona strahlt, die Bässe wummern, die Frauen vor und hinter mir lächeln ebenfalls, keine schwitzt. Außer mir. Nach wenigen Minuten bin ich vollkommen außer Atem, der Schweiß strömt, die Haare kleben am Kopf – und das ist nur das Programm zum Warmmachen?

Sehnsüchtig denke ich an meine kuschelige Schafwoll-Yogamatte und Übungen wie das Krokodil oder den Fisch. Aber ich beiße die Zähne zusammen, wenn die anderen das schaffen – vor allem die Endsechzigerin schräg vor mir –, dann schaffe ich das auch.

Nach eineinhalb Stunden bei Drill Sergeant Fiona zittern meine Muskeln (alle!), meine Kehle brennt vom vielen Japsen, und ich fühle mich drei Kilo leichter, was am Wasserverlust liegen muss.

»War doch schon ganz gut!«, motiviert mich die immer noch strahlende Fiona, die kein bisschen aus der Puste ist und ungefähr so entspannt wie ich, wenn ich gähnend von meiner Yogamatte rolle.

Aber, denke ich mir, viel hilft. Viel Leiden, viel Veränderung. Viele Kilos weniger, viele Muskeln.

Der Kurs von Fiona findet fünfzehn Mal statt, doch bereits nach der vierten Stunde kommt mir ungünstigerweise ein Termin dazwischen. Das passiert leider noch ein paar

Mal, sodass ich immer seltener dort auftauche. Ich rede mir ein, dass ich rein gar nichts für diese Terminüberschneidungen kann, tatsächlich aber ist es so, dass sie mir ganz gut in den Kram passen. Ich gehe nämlich nicht gern in den Bauch-Beine-Po-Kurs. Fiona macht das großartig, sie ist eine tolle, motivierende Trainerin, aber unterm Strich bleibt, was ich immer schon wusste: Sport tut weh. Mir jedenfalls. Spaß macht er mir keinen. Ich gehe einfach nicht gern irgendwohin, wo ich mich quälen muss.

Einfach so klein beigeben will ich aber auch nicht. Ich nehme mir also vor, in Zukunft regelmäßig zu Hause mein Yogatraining zu absolvieren. Das macht mich froh und ausgeglichen, meine Muskeln müssen nicht leiden, die Kilos bleiben zwar, wo sie sind, dafür bleibe ich entspannt und geschmeidig.
Wer lächelt mir aus dem Spiegel entgegen? Na, ich natürlich!

Die Sommerferien verbringe ich mit Julia an der Nordsee. Julia springt für Torsten ein, ich hatte die Wohnung längst für uns gebucht, jetzt ist sie mir zu groß und zu teuer, aber ich will nicht stornieren. Tochter und Sohn sind sogar noch einmal mitgekommen, was daran liegen mag, dass wir es uns auf der Insel immer gut gehen lassen und ich mich sehr spendabel zeige. Wir gehen oft essen, kaufen Pommes hier, Krabbenbrötchen da, jeden Morgen gibt es frische Brötchen und Kuchen sowieso. Diese Ferien sind immer sehr gut für meine Figur, die dann noch mehr Figur werden kann. Immerhin absolviere ich am Strand ein bisschen Yoga, wir spielen Boccia und Beach Ball – das ist doch nicht nichts!

An einem Tag spazieren Julia und ich am Strand entlang, als uns durch den tiefen weißen Sand eine junge Frau entgegenkommt. Sie trägt Sportklamotten, schiebt einen Sport-Buggy durch den Sand und versucht ganz offensichtlich zu joggen. Ihr Gesicht ist verzerrt vor Anstrengung, sie wirkt durch und durch unfroh. Ich denke sofort an die armen ägyptischen Sklaven, die im Asterix-Comic für Cleopatra die Pyramiden aufbauen müssen.

Julia und ich blicken der Frau mitleidig hinterher, die nur sehr mühsam vorwärtskommt.

»Für wen tut sie das?«, fragt Julia.

Ich schüttle den Kopf. Hoffentlich nicht für sich selbst, denke ich, das ließe doch irgendwie auf einen freudlosen und zwanghaften Charakter schließen. Wenn sie es aber für ihren Mann tut, lässt es nicht Gutes für die offenbar noch junge Ehe ahnen.

»Komm«, fordere ich Julia auf, »lass uns eine Friesentorte essen gehen.«

Julia lächelt. »Vielleicht trinke ich dazu einen Pharisäer«, überlegt sie, »mit Sahnehaube.«

Wir stapfen los, das Wasser läuft uns schon im Mund zusammen.

Als wir im Café ankommen, bedient uns die Chefin. Ich kenne sie schon sehr lange, schließlich sind Torsten, die Kinder und ich seit vielen Jahren Stammgäste. Als sie die Bestellung aufnimmt, lächelt die Chefin mich an. »Darf ich fragen, was Sie gemacht haben? Sie sehen toll aus! So jung. Und total entspannt.«

Ich grinse. »Mein Mann hat eine andere. Und ich freu mich wie ein Schnitzel.«

Der Markt

*Oder: Wie ich anfange,
mich nach anderen Männern umzusehen,
und dann dankend verzichte*

Kurz nachdem Torsten ausgezogen ist, treffe ich mich mit Veronika (Sie erinnern sich, das ist die mit der Butterbrezel). Sie ist noch völlig ahnungslos und ich schon in der euphorischen Phase.

Ihr fällt fast die Gabel aus der Hand, als ich ihr erzähle, was los ist. Dass Torsten eine Freundin hat. Dass er ausgezogen ist. Dass ich nach der Schock- und Trauerzeit plötzlich diese Aufbruchsstimmung spüre. Dass ich mich gut und noch viel besser fühle.

Während ich erzähle und mich in einen Rausch rede, fällt mein Blick immer wieder auf einen Mann an der Theke. Er starrt unverwandt zu uns hinüber. Anfangs drehe ich mich irritiert um, aber da ist niemand. Der starrt uns an. Ich fühle mich unbehaglich. Habe ich etwas im Gesicht? Petersilie zwischen den Zähnen?

Aber dann fällt auch Veronikas Blick auf den Mann. Sie guckt ihn an, guckt mich an, dann wieder ihn. »Sag mal, haben dich die Typen immer schon so angestarrt?«, fragt sie. »Ist mir noch nie aufgefallen.«

Mir auch nicht. Das letzte Mal muss schon so lange her sein, dass ich mich gar nicht daran erinnern kann. Anscheinend merke ich es noch nicht einmal, wenn es so ist.

Ich vergewissere mich, und jetzt lächelt der Typ und hebt sein Bierglas. Ich gucke schnell weg. Das darf doch nicht wahr sein! Der flirtet ernsthaft mit mir!

Völlig überfordert, bitte ich Veronika, mit mir Platz zu tauschen, damit ich den Galan im Rücken habe. Das ist nicht besonders souverän, aber im Moment kann ich damit nicht anders umgehen. Ich bin komplett aus der Übung. Außerdem gefällt mir der Typ überhaupt nicht.

»Ist der nicht ein bisschen alt?«, frage ich. »Was denkt der sich eigentlich?«

Veronika wirft einen Blick zur Theke, lächelt und prostet ihm mit ihrem Weinglas zu. »Der ist höchstens Mitte fünfzig!«, stellt sie fest. »Also genau deine Kragenweite.«

Herrje. Da kommt noch was auf mich zu. Zum Glück interessiert mich das Thema »Neuer Mann in meinem Leben« (im Moment) nicht die Bohne.

Im Lauf des Abends setzen sich dann noch zwei Männer zu uns an den Tisch, wir kommen nett ins Gespräch. Als Veronika und ich uns schließlich verabschieden, fragt mich einer der beiden tatsächlich, ob ich öfter in die Kneipe komme, man könne sich dann ja wiedersehen. Ich bedauere, bleibe aber freundlich. Und wundere mich über meinen Marktwert. Mir ist in den zwanzig vergangenen Jahren nicht einmal aufgefallen, dass jemand versucht hätte, mit mir anzubändeln. Was ist der Unterschied? Jetzt bin ich zwei Jahrzehnte älter und kann nicht behaupten, dass ich besser aussehe als mit dreißig.

»Die riechen, dass du zu haben bist«, meint Veronika, als wir draußen auf der Straße stehen. »Außerdem – das weißt du doch selbst, in unserem Alter trennen sich viele. Da wird der Markt wieder größer.« Sie seufzt. »Wenn das so ist, muss ich ernsthaft über Jens nachdenken.«

Ich bekomme einen Schreck. »Bloß nicht! Die frei laufenden Männer sind doch auch beschädigte Ware. Da kommst du nur vom Regen in die Traufe.«

Ich ahne nicht, wie recht ich behalten sollte.

Sabine hat zum Beispiel gerade eine Single-Phase, der letzte Lover war zu lahm, weshalb sie wieder auf der Suche ist. Da Sabine gern tanzt, geht sie jedes Wochenende auf eine Ü40-Party. Sie bekniet mich ständig, ich solle doch mal mitgehen, aber ich wehre mich mit Händen und Füßen.

Ich tanze nicht sehr gern und sehe mich schon am Rand stehen und an so etwas wie »Schlüpferstürmer« nippen, damit ich den Abend überstehe.

(Ja, ernsthaft, so etwas gibt es! Und Sahne-Karamell-Likör in Gläsern, die wie Spermien geformt sind. Es ist nicht zu fassen. Wer trinkt so etwas? Warum wird einem so ein widerliches Zeugs angeboten, wenn man Single ist? Gibt es Männer, die das lustig finden? Ich vermute leider, dass das eher so ein Damenkränzchen-Kracher ist, mit dem sich ohnehin schon angeschickerte Weiber in Stimmung bringen ...)

An einem Abend jedoch lasse ich mich schließlich breitschlagen, mitzukommen. Sabine hat Geburtstag, und sie hat die gesamte Frauenclique zu einer »Welt-Musik-Party« eingeladen. Wenigstens kein Ü-Dingsbums, und ich bin nicht allein.

Wir können uns sehen lassen: Sabine, Katharina, Lissy, Julia und ich. Alle haben wir uns aufgebrezelt und schweben in der Disco (ach nee, heute heißt es »Club«) ein. Das Erste, was mir angenehm auffällt: Es ist erst neun Uhr abends und der Laden bereits brechend voll. Das kommt meinem Schlafbedürfnis sehr entgegen. Wer um diese Zeit schon abhottet, kippt doch um elf sicher aus den Latschen.

Totale Fehleinschätzung meinerseits. Unsere Generation beweist unvermutetes Stehvermögen.

Das Zweite: Die Frauen sehen toll aus! Denn es sind überwiegend Frauen, die sich auf der Tanzfläche und an der Theke tummeln. Grob geschätzt, ist kaum eine unter fünfunddreißig, nur wenige sind über fünfundfünfzig. Und sie sehen großartig aus! Lauter schöne Frauen! Natürlich nicht Heidi-Klum-schön, sondern jede auf ihre Weise besonders.

Ich finde es toll zu sehen, dass es nicht wenige Frauen in diesem Alter gibt, die offenbar ihren Stil gefunden haben, die selbstbewusst auch mit kleinen Makeln umgehen und sich nicht normieren lassen.

Die Stimmung ist super, völlig zwanglos und komplett anmachefrei. Hier feiern Frauen, weil sie Spaß haben wollen. Sogar ich tanze und fühle mich rundum wohl.

Da das hier keine ausgesprochene Single-Party ist, fallen mir die wenigen anwesenden Männer auch erst nicht weiter auf.

Sabine erzählt übrigens, dass es Ü-Partys gibt, bei denen man am Eingang »geampelt« werde. Grüner Klebepunkt: Sprich mich an, ich suche dringend jemanden, mit dem ich nach Hause gehen kann! Gelber Punkt: Kannst es ja mal bei mir versuchen, aber ich warne dich, wenn du mir nicht gefällst, gibt's 'ne Abfuhr. Und Rot bedeutet: Wag es ja nicht! Ich begleite nur meine Freundin!

Die Typen hier im Club sind alle eher ein bisschen älter. So von vierzig bis sechzig. Sie hängen an der Bar oder quetschen sich in die dunklen Ecken. Die wenigen, die sich unter die ausgelassen tanzenden Frauen mischen, treten verklemmt von einem Bein aufs andere. Die Arme meistens angewinkelt an den Körper gedrückt, wiegen sie sich krampfhaft lächelnd zu jedem Song im gleichen Takt hin und her. Komplett unsexy.

Zwei stehen headbangend mitten auf der Tanzfläche und lassen ohne Rücksicht auf Verluste ihre langen Haare kreisen (solche Typen gab es schon, als ich fünfzehn war). Sie tragen Wollsocken und T-Shirts mit Heavy-Metal-Band-Logo, wahrscheinlich hängt bei ihnen zu Hause noch ein ACDC-Poster an der Wand.

Aber das sind noch nicht einmal die Schlimmsten.

Wer hat diesen Bürohengsten hier eingeredet, es sei lässig, im Club beigefarbene Outdoor-Hosen zu tragen? Oder Fleece-Jacken? Wir sind doch nicht auf dem Berg! Was tragen die denn dann beim Sport? Ach ja, diese lächerlichen Neon-Radl-Trikots.

Ebenfalls gesichtet: TREKKINGSANDALEN! (Eine Erfindung des Teufels. Wenigstens läuft hier niemand in Crocs herum).

Es ist nicht *ein* Mann hier – nicht einer! –, der so richtig lässig chic ist. Der sich Mühe gegeben hat und ein bisschen was hermacht. Der den Frauen in puncto Outfit das Wasser reichen konnte.

Außerdem sehe ich: Nasenhaare. Nicht-Frisuren. Einer fühlt sich unbeobachtet und popelt. ER POPELT!

Ich werde Zeugin folgender Szene: Ein Mann fragt eine Frau, ob er sie auf einen Drink einladen darf. Die Frau antwortet erfreut: »Gern. Ich nehme einen Gin Tonic.« Der Mann bestellt für sich ein Bier. Die Getränke kommen. Der Barmann nennt einen Preis, dem Mann fällt die Kinnlade herunter. Er sagt (laut!!!): »Das ist aber teuer.« Mit säuerlicher Miene kramt er das Geld aus seinem Jack-Wolfskin-Klettverschluss-Portemonnaie, zahlt und schiebt der Frau den Gin Tonic hin. Sie freut sich jetzt nicht mehr so. Es hat den Anschein, als wolle sie dem Mann-der-sich-nicht-benehmen-kann den Drink am liebsten ins Gesicht schütten, aber sie ist zu höflich. Was man von ihm nicht behaupten kann.

Als wir Freundinnen weit nach Mitternacht nach Hause fahren, bin ich glücklich und erschöpft vom Tanzen und dem Spaß, den wir miteinander haben, aber ich bin auch ernüchtert.
Ich weiß jetzt sicher, dass die Ekelstatistiken nicht lügen. Es gibt sie, die Männer, die nicht jeden Tag frische Socken anziehen.

Einige Wochen später begleite ich Julia und Reinhard auf die Wiesn. Es ist ein sonniger Samstagnachmittag, wir schlendern über den Festplatz, Julia und ich fahren kreischend Tegernsee-Express, Reinhard schießt uns Rosen, und im Augustiner-Biergarten kehren wir schließlich ein und gönnen uns die obligatorische Mass mit Brezn und Obatztn.
Ich trage eines meiner Dirndl. Und habe zum ersten Mal überhaupt die Schleife links gebunden.
(Für Nichteingeweihte: Das mit der Schleife funktioniert ähnlich wie das »Ampeln« bei den Ü-Partys. Rechts gebunden bedeutet, dass die Frau vergeben ist. Links heißt, noch zu haben! Eine hinter dem Rücken gebundene Schleife ist das traurige Zeichen dafür, dass die Frau verwitwet ist, und vor dem Bauch heißt: Ich bin noch Jungfrau. Das allerdings habe ich noch nie bei einer Erwachsenen gesehen. Noch nie.)

Zu Hause habe ich kurz gezögert, wie ich die Schürze binden soll, denn schließlich bin ich noch mit Torsten verheiratet. Ich habe die Befürchtung, dass eine Schleife, die signalisiert, dass man nicht in festen Händen ist, für die alkoholisierten Herren dem Signal zum Abschuss gleichkommt, schließlich ist die Wiesn – zu Recht – berüchtigt für Ausschweifungen aller Art.

Aber nichts dergleichen passiert. Ich schlendere mit Reinhard und Julia – die zum ersten Mal stolz ihre Schleife rechts trägt! – völlig unangebaggert herum und bin erleichtert. Alles halb so wild.

Ein paar Tage später bin ich wieder auf der Wiesn verabredet (ich gebe zu: Ich bin Fan), dieses Mal aber unter der Woche am Abend. Mit Sabine und Lissy. Unbedarft binde ich meine Schleife wieder auf der linken Seite. Ist ja, wie ich jetzt weiß, ganz harmlos.

Aber holla!

Der Spießrutenlauf beginnt schon auf dem Weg von der S-Bahn zur Festwiese. Ob es daran liegt, dass wir alle drei signalisieren, dass wir »zu haben« sind, oder dass wir keinen Reinhard dabeihaben oder dass wir nicht am familiären Samstagnachmittag unterwegs sind – als wir endlich das Festzelt erreichen, weiß ich jedenfalls, was es heißt, sich als »Freiwild« zu fühlen. Von grober Anmache bis hin zum charmanten Augenzwinkern ist alles dabei. Die baggernden Männer sind jeglicher Herkunft, auch vom Alter und den sozialen Schichten ist alles dabei. Der Großteil allerdings hat schon getankt, die wenigsten sind nüchtern. Es ist nicht traumatisch, nicht die Kölner Silvesternacht, aber schön ist etwas anderes.

Im Festzelt kämpfen wir uns als Erstes zur Toilette durch – die Schleifen werden neu gebunden und zeigen jetzt an: Wir sind vergeben! Sicher ist sicher.

Aber es hilft nichts. Die Männerwelt schert es einen feuchten Kehricht, wie unsere Schürzen gebunden sind.

Wir sind drei Frauen ohne männliche Begleitung, das allein reicht schon zum Anbandeln.

Im Zelt finden wir erleichtert noch ein Plätzchen an einem reinen Frauentisch – eine Gruppe Trachtlerinnen vom Tegernsee gewährt uns Asyl. Die Stimmung ist, wie sie auf der Wiesn sein muss – formidabel. Wir singen – ach was, *grölen* – die neuesten und die ältesten Wiesn-Hits, tanzen auf den Sitzbänken und stemmen die Maßkrüge in die Höhe, dass es eine Freude ist.

Natürlich weckt ein Tisch, an dem ausschließlich Frauen sitzen, trinken und tanzen, Begehrlichkeiten, und so kommt es, dass immer eine von uns zum Tanz in den Gängen oder zum Anstoßen mit dem Nachbartisch aufgefordert wird. Vor uns und hinter uns sitzen fast ausschließlich Männer.

Trotzdem fühle ich mich nicht mehr so ausgeliefert wie auf dem Weg hierher, der Schulterschluss mit elf anderen Damen gibt ziemliche Sicherheit. Was mir allerdings auffällt: Keine Frau von unserem Tisch nimmt von sich aus Kontakt zur Herrenwelt auf. Wir schunkeln und prosten gern unter uns.

Es ist schlichtweg unvorstellbar, dass Horden von Frauen sich über eine Handvoll wehrloser Männer hermachen und sie mit Anmachsprüchen triezen. Vermutlich ist genau deshalb der kollektive Besuch einer Männer-Strip-Show bei Frauen jeglichen Alters so beliebt. Da dürfen sie endlich mal die Männersau rauslassen.

Solange es nur ums Tanzen oder Prosten geht, finde ich es aber auch völlig in Ordnung, dass die Kerle das Terrain sondieren. Und ich kenne tatsächlich mehr als ein Pärchen im Bekanntenkreis, das sich auf der Wiesn kennengelernt hat.

Allein: Am Angebot mangelt es. Zwar sieht der Urbayer, der mich zur Polka auffordert, sehr fesch in seinem weißen Leinenhemd und der Hirschledernen aus, aber der weiße Rauschebart weist ihn als weit jenseits meiner Altersklasse aus.

Der Herr vom Nebentisch, der einen Narren an Lissy gefressen hat, dürfte ebenfalls auf Ende sechzig zugehen, was an sich vielleicht kein Ausschlusskriterium ist – der goldene Ehering allerdings schon.

Und schließlich ist da noch der reizende Norbert, ein Versicherungsvertreter aus Fürstenfeldbruck, der eigentlich zu einer Kegelgruppe vom Nebentisch gehört, aber um dessen Gleichgewicht es nicht mehr so gut bestellt ist. Statt auf seinem Bänkchen stehen zu bleiben, fällt er mir immer wieder in die Arme und legt vertrauensvoll seinen Kopf auf meine Schulter. »Schulligung!«, lallt er verschämt und schwankt in die Gegenrichtung, von wo er vom geringsten Lufthauch wieder in meine Richtung geweht wird.

Nachdem ich seine Nase zum wiederholten Mal aus meinem Dekolleté entfernt habe, schüttelt er, ganz betrübt über sein Missgeschick, den grau gelockten Kopf und fummelt aus der Brusttasche seines Hemdes eine Visitenkarte. »Tut mir so leid«, lallt er dazu, »mach ich alles wieder gut …«

Norbert trägt keinen Ehering, dafür wachsen ihm graue Haare aus den Ohren, sodass ich dankend auf eine Wiedergutmachung verzichte.

Auch der freundliche Franke, der Sabine auf dem Heimweg ein »I mog di«-Lebkuchenherz schenkt und galant anbietet, mit ihr hinter die Klohäuschen zu verschwinden, hat bei uns keine Chance.

Auf dem Heimweg ziehen wir Resümee: Beim nächsten

Mal nehmen wir einen Alibi-Mann mit. Die wenigsten Männer können sich unter dem Einfluss von reichlich Alkohol noch anständig benehmen. Außerdem ist das Angebot an guter Männerware überschaubar.

Nach diesen Erlebnissen bin ich wirklich froh, dass ich nicht auf der Suche bin. Aber wer weiß, irgendwann fällt mir doch die Decke auf den Kopf, und ich wünsche mir einen Mann an meiner Seite. In dem einen Jahr jedoch, das seit der Trennung vergangen ist, bin ich keinem Einzigen begegnet, der mich interessieren könnte. Keinem! Dabei bin ich gar nicht so furchtbar anspruchsvoll – Figur und Haarwuchs, mit Bart oder ohne, blond oder braun ist mir total wurscht.

Allerdings lege ich Wert auf Umgangsformen, Humor und ein gepflegtes Äußeres. Der Mann, der mich bezaubern will, sollte auch nicht ständig von sich reden oder Anekdoten von der Arbeit erzählen. Kein Geizkragen sein und mal über sich selbst lachen können. Mich nicht belehren wollen und in der Lage sein, über seinen Schatten zu springen.

Jetzt merke ich erst, dass an Torsten so vieles richtig war. Ich bin schlicht und einfach total verwöhnt. Wenn ich ihn heute kennenlernen würde, dann würde ich mich wieder neu verlieben. Torsten hat all das, was ich mir wünsche. Er hält mir die Tür auf und hilft mir aus dem Mantel. Sagt mir jeden Tag, wie toll ich aussehe, dass ich eine wunderbare Mutter und gute Autorin bin. Er ist gepflegt, intelligent, witzig und sexy.

Wir hätten einfach nicht verheiratet sein dürfen.

Wieder einmal treffe ich mich mit meinem alten Freund Xaver. Ich klage ein bisschen herum, dass es in meinen Augen ziemlich schlecht bestellt ist mit der Männerwelt, und behaupte, er als männlicher Single habe sehr viel bessere Karten als ich.

Aber Xaver verdreht die Augen. Da hat er ganz andere Erfahrungen gemacht! Er beschwert sich, dass die Frauen, die er kennenlernt (als Single hat er mir einige Jahre voraus), meistens viel zu sehr klammern. Wenn er ihre WhatsApp nicht umgehend beantwortet, wo sie doch seine zwei blauen Häkchen gesehen haben, sind sie beleidigt. Sie werden argwöhnisch, wenn er sich nicht sofort mit flammender Begeisterung für den nächsten Abend verabreden will – dabei hat er einfach nur so viel Arbeit. Sie sind eifersüchtig, wenn er sich zum Beispiel mit mir trifft, einer alten Freundin.

Xaver schüttelt den Kopf. Die Frauen in unserem Alter, die er getroffen hat, sind ihm alle zu anstrengend. Zu wenig selbstbewusst. Zu kompliziert. Zu anhänglich. Zu fixiert auf eine feste Bindung, auch oder sogar erst recht, wenn sie schon eine Ehe hinter sich haben.

Ich will ihn bremsen und protestieren, dass das alles nicht wahr sei, er habe einfach Pech gehabt! Aber dann denke ich an Andrea. Die depressive Ärztin, deren ganze Welt zusammengebrochen ist.

Oder an Sabine, die es fertigbringt, einen Typen in den Wind zu schießen, weil er nicht *sofort* auf ihre SMS antwortet.

Oder an Julia, die letztens geweint hat, weil Reinhard nachts nach Hause gefahren ist, anstatt bei ihr zu übernachten. Er musste am nächsten Morgen schon früh zu einer Business-Reise aufbrechen.

Wie passt das nur zusammen?, frage ich mich. Die meisten von uns managen ihr Leben als Mutter, Ehefrau, Berufstätige sehr gut. Und darüber hinaus organisieren wir auch noch bravourös unsere Familien. Aber kaum sind wir wieder auf uns allein gestellt, haben wir nichts Besseres zu tun, als uns schnellstmöglich in die nächste Abhängigkeit zu begeben?

Warum nur sind wir so leicht zu erschüttern? Wieso trauen wir uns ein Leben als Frau ohne festen Partner nicht zu? Müssen wir uns jedem Kerl in die Arme werfen und darauf hoffen, dass er uns durchs Leben trägt?

Xaver und ich sind uns einig: Wir wären perfekte Partner. Vielleicht zu perfekt – denn das berühmte Prickeln, das findet zwischen uns überhaupt nicht statt. Und auch sonst sind wir einfach nur echte Kumpel.

Alles in allem stelle ich fest: Ein Mann ist zurzeit definitiv nicht meine Baustelle. Ich habe gerade einen ziemlich guten verloren, jetzt bin einfach nur mal ich dran.

Oder, wie der Hundeforscher Kurt Kotrschal sagt: »Wenn man über fünfzig ist, ist das Geschlecht des Partners eigentlich egal. Da zählt nur noch soziale Gebundenheit.« Das war auf Frauen und Hunde bezogen.

In meinem Fall muss ich sagen: Er hat ja so recht!

Der Blues

... kommt.

Kurz nachdem Torsten das Haus verlassen hat, wird unsere Tochter achtzehn. Von mir bekommt sie unter anderem ein Fotobuch, das ihr Leben von der Geburt bis zur Volljährigkeit dokumentiert. Dafür muss ich an die Fotokisten ran.

Schon als ich die erste Kiste öffne und mir Fotos in die Hände fallen, wie ich in unserer damals neuen Wohnung stehe, in Latzhose, den Neunter-Monat-Bauch stolz herausgestreckt, und lächelnd in die Kamera zu Torsten schaue, treibt es mir die Tränen in die Augen und den Dolch ins Herz.

Das geht die nächsten drei Stunden, die ich zwischen den Fotokisten verbringe, so weiter. Bilder von der Geburt. Unsere Tochter im Kinderwagen, der stolze Vater schiebt.

Ich beim Stillen.

Die Babytochter mit den Großeltern. Erster Urlaub am Strand. Die Geburt unseres Sohnes. Immer wieder die beiden Kleinen – strahlend, spielend, glücklich.

Und Torsten und ich: erschöpft, aber ebenso glücklich. Wir strahlen auf jedem Bild, auch wenn man uns ansieht, dass wir todmüde sind.

Weihnachten, Geschenke unterm Baum, das neue Legospielzeug, der hölzerne Kaufmannsladen. Bilder aus dem Kindergarten, die Kleinen feierten Fasching. Umzug in die Villa Kunterbunt. Die ersten Fotos von Kasper als Welpe.

Achtzehn Jahre Familienleben ziehen an mir vorbei.
Achtzehn Jahre Glück.
Es ist zum Heulen.
Es ist nicht zum Aushalten.

Natürlich weiß ich vorher, was passieren wird, wenn ich die Fotokisten öffne. Aber es hilft halt alles nichts, ich will meiner Tochter das Geschenk machen, und außerdem kann ich die Erinnerung nicht wegsperren. An diese Momente werde ich mich so oder so erinnern, egal, ob ich in den alten Bildern wühle oder nicht.

So kurz nach dem Auszug meines Mannes ist es zwar besonders schmerzhaft, sich zu erinnern, aber es ist auch heilsam. Weil ich sehe, dass wir viele, viele Jahre, die meisten in unserer Ehe, sehr glücklich waren.

Es hilft mir bei meinem Vorsatz, nicht im Zorn zurückzuschauen, sondern mir zu vergegenwärtigen, dass das, was Torsten und mich verbindet, ein wunderbares Geschenk ist. Und nicht der Wut und dem Hass zum Opfer fallen darf.

Zumal es täglich viele Situationen gibt, die mich traurig stimmen. Oder in denen ich hilflos bin. Manchmal auch wütend, dass ich den Mist jetzt ganz allein bewältigen muss.

Neben dem Glück über meine neu gewonnene Freiheit, das ich täglich aufs Neue empfinde, gibt es auch jede Menge Täler, die ich in der Zeit durchschreiten muss. Wie schon gesagt: Trennung ist nicht supi. Sie ist es nie, ganz gleich, wie lange man mit dem Partner, der Partnerin zusammen war. Gleichgültig, ob Kinder im Spiel sind oder nicht, ob der Tod die Trennung verursacht oder etwas anderes daran schuld ist.

Eine Trennung darf man nicht auf die leichte Schulter nehmen, sie ist nicht locker wegzustecken.

Auch wenn ich heute der Meinung bin, dass ich aus dem Aus unserer Ehe das Beste gemacht habe und es mir unglaublich gut geht – ich habe auch an mir gearbeitet. Ich habe zum Beispiel den Schmerz des Verlassenseins zugelassen. Beim Wühlen in den Fotokisten sehr bewusst. Es hilft, sich da hineinzubegeben und alles noch einmal zu erleben, sich dem Schmerz zu stellen – denn dann wird er von Mal zu Mal ein bisschen kleiner.

Aber Schmerz, Trauer oder der Blues kommen auch ganz unvermittelt.

Ich gebe eine kleine Party, ein paar Freunde sind gekommen. Das Gespräch kommt auf eine bestimmte Band, und ich suche in der Schublade mit den CDs nach einer Aufnahme. Die Schublade habe ich lange schon nicht mehr geöffnet, ich höre entweder Radio oder digital. Beim Durchwühlen der CDs fällt mir unversehens eine Aufnahme in die Hände, die mich an die Geburt unserer Tochter erinnert. Torsten und ich haben die Musik rauf und runter gehört, kaum dass wir aus dem Krankenhaus zurück in unserer Wohnung waren. Die winzige Tochter lag auf ihrem Fell in der Mitte des Ehebettes, Torsten und ich jeweils auf einer Seite daneben. Wir hielten uns an den Händen und konnten unser Glück kaum fassen.

Und plötzlich gerät just diese CD wieder in meine Hände. Ich kann nicht anders, die Gefühle übermannen mich, ich beginne aus dem Stand zu weinen, vor meinen Gästen.

Es ist mir nicht peinlich, nur wenig ist mir wirklich peinlich, vor allem aber schäme ich mich niemals meiner Gefühle.

Wenn ich abends allein auf dem großen Sofa sitze, auf dem eigentlich unsere ganze Familie samt Kater Platz findet, und mir einen Film angucke, dann fehlen mir Torstens warme Hände. Ich habe dauernd kalte Hände, deshalb hielten wir meistens Händchen, wenn wir fernsahen. Oder spazieren gingen. Oder im Kino nebeneinandersaßen.

Mir fehlt es auch, mit ihm über den Film zu sprechen. Niemals würde es mir einfallen, eine Freundin anzurufen und ihr zu erzählen, dass ich gerade etwas besonders Lustiges oder Spannendes gesehen habe.

In all diesen Momenten und noch viel öfter bekomme ich den Blues. Das Herz schnürt sich mir zusammen, und das Gefühl des Verlusts wird so übermächtig, dass mir fast schwarz vor Augen wird.

Ich gebe mich dann der Trauer hin, weine ein bisschen, aber ich lasse nicht zu, dass sie mich im Griff hat. Die bekannten vier Phasen der Trauerbewältigung gelten ja nicht nur für den Tod eines geliebten Menschen, sondern auch für eine Trennung allgemein.

Da muss ich eben durch: Schock (geht schnell vorbei), die kontrollierte Phase (ein bis drei Wochen bis kurz nach Torstens Auszug), Regression oder auch Rückzug vom normalen Leben (hm. Fällt eigentlich flach …) und Anpassung, Rückkehr ins normale Leben (ja, doch, recht schnell und mit großer Freude).

Die Trauer oder der Blues, den ich empfinde, verändert sich aber mit der Zeit. Am Anfang – so wie beim Betrachten der Fotos – habe ich das Gefühl, mir werde die Vergangenheit weggenommen – nichts ist mehr so wie früher.

Natürlich nicht!, denke ich heute. Es ist anders! Jetzt lebe ich ein anderes Leben, aber es ist kein bisschen schlechter!

Wenn ich heute Fotos anschaue, dann nicht mehr mit Trauer, allerhöchstens mit Wehmut. Ach, war das schön, guck mal, wir im Urlaub in Rom. Mann, sehe ich doof aus, die Frisur war entsetzlich. Und du hast noch Haare auf dem Kopf, haha. Gleichzeitig fühle ich aber auch Stolz: Das *war* nicht nur unsere Vergangenheit, das *ist* sie immer noch. Und da ich mit Torsten auch heute noch intensiv in Kontakt stehe und es sicher auch bleiben werde, hat der vermeintliche Verlust der Vergangenheit nichts Bedrohliches mehr.

Vor allem aber weiß ich, dass die Momente, in denen der Blues doch einmal kommt, sehr viel seltener sind als die Glücksmomente, die ich erlebe. Das Gefühl der Entspannung ist deutlich langfristiger, dominanter als die paar Tränchen, die ab und zu fließen. Müsste ich zwischendurch nicht auch mal heulen, dann beschliche mich das ungute Gefühl, ich würde mir etwas vormachen. Dauerhaft gute Laune, weil der Mann eine Freundin hat – das finde sogar ich nicht normal.

Nein, hier und da ein Quäntchen Traurigkeit ist voll okay.

Was nicht so okay ist, sich aber trotzdem nicht vermeiden lässt, ist die Jammerei. Gegen Jammern habe ich ohnehin etwas, in den seltensten Fällen bringt es einen irgendwie weiter. Jammern ist einfach nur destruktiv und unsexy. Ich höre mir nicht gern das Gejammer anderer an, deshalb vermeide ich es selbst, so gut ich kann. Trotzdem gibt es immer wieder Anlass zur Jammerei. Leider.

Ich denke nur an meine erste Erkältung als Single zurück. Ich bin zwar nicht wirklich bettlägerig, aber trotzdem schlecht beieinander. Dröhnende Kopfschmerzen, erhöhte Temperatur, Halsentzündung, später der elende Schnupfen. Früher hätte ich es mir erlaubt, einen Tag auf dem Sofa liegen zu bleiben, und hätte huldvoll von Torsten gekochten Ingwertee entgegengenommen. Als Single aber hilft es nichts: Ich muss aufstehen, einkaufen, kochen. Drei Mal mit dem Hund rausgehen. Ach was, gehen, schleppen. Ich könnte heulen. Das ist einer der Momente, in denen ich mich ganz furchtbar allein fühle – und deswegen in Selbstmitleid zerfließe. Das macht das Elend nicht besser, leider ganz im Gegenteil.

Krankheiten, Briefe vom Finanzamt, Ärger mit Lehrern, ein verspannter Nacken, schwere Einkaufstüten – wie sehr fehlt mir jemand, der mir das alles abnimmt! Oder der mir zumindest beim Jammern zuhört. Mein Sohn trägt mir natürlich sofort die schweren Einkäufe in die Wohnung, aber über das Finanzamt will er nichts hören. Und eine jämmerliche Mami will er auch nicht haben. Verständlich.

Also nehme ich mich zusammen und denke: »Jammern hilft nicht.« Und siehe da: Es geht auch ohne die berühmte Schulter zum Ausweinen. Ich breche deutlich weniger häufig in Tränen aus – sieht ja sowieso keiner.

Und ich bitte immer öfter andere Menschen um Hilfe. Die Nachbarin, dass sie für mich einkauft, wenn ich krank bin. Meine Mutter, dass sie mit dem Hund geht, wenn ich keine Zeit habe. Der Steuerberater soll sich um das Finanzamt kümmern, und gegen die Nackenverspannung rolle ich auf einem Tennisball herum.

Es ist ja auch nicht so, dass ich die Einzige bin, die mit ihrem Leben (fast) allein zurechtkommen muss. Der Unterschied ist im Moment nur, dass ich es nicht mehr gewohnt bin. Und wie so oft gilt: Man kann nicht alles haben. Das Glück darüber, dass ich mein Leben wiederhabe, dass ich mich nicht abstimmen und für andere Dinge erledigen muss, wird eben damit bezahlt, dass ich ab und zu nicht nur die positiven Seiten des Alleinlebens erfahre, sondern auch die Schattenseiten.

Zudem ist mir noch sehr präsent, wie es sich anfühlt, wenn man vom Partner dringend Unterstützung erwartet, die aber nicht kommt. Oder zu spät kommt. Oder nur unter erheblichem Protest.

Torsten zum Beispiel – ich glaube, ich habe es schon erwähnt – war nie ein begeisterter Hobby-Handwerker. Was dazu führte, dass alle Bitten meinerseits, die auch nur im Entferntesten mit Do-it-yourself zu tun hatten, von ihm auf die lange Bank geschoben wurden. Und zwar auf die gaaanz lange. Ich war genervt, habe ihn unter Druck gesetzt, was dazu führte, dass er schlecht gelaunt und bockig wurde. Und das Projekt noch unwilliger vor sich hergeschoben hat.

Heute läuft das anders. Aus dem Käseblatt meiner Gemeinde habe ich eine kleine Anzeige ausgeschnitten, in welcher ein Handwerker seine Dienste anbietet. Er kann praktisch alles. Wenn nun eine Wand verputzt werden soll oder ein Regal angedübelt, rufe ich ihn an. Er kommt spätestens am nächsten Tag. Er meckert nicht, verdreht auch nicht genervt die Augen, sondern macht einfach. Es geht ganz schnell, und er putzt den Dreck, den er verursacht, selbst weg. Dann stellt er eine Rechnung. Die fast immer relativ niedrig ausfällt, weil er ja so schnell war.

Ich bezahle die Rechnung gern, denn im Vergleich zu der tagelang vergifteten Atmosphäre zwischen Torsten und mir, wenn ich meinem Mann handwerkliche Dienste »aufgetragen« habe, ist das ein Klacks.

Kein Grund also, den Blues zu schieben, weil da kein Mann mehr im Haus ist, der schlecht gelaunt herumdübelt.

Letztens habe ich mit großem Interesse gesehen, dass unsere hiesige Volkshochschule einen Handwerkerkurs für Frauen anbietet. Das ist ja wie für mich gemacht!

Ich lerne also, mich zu arrangieren. Mit dem Verlust, der mit dem Ende unserer Ehe einhergeht. In düsteren Momenten hilft es mir sehr, daran zu denken, wie viel besser es mir jetzt in vielerlei Hinsicht geht und dass früher, in der Zeit unseres Zusammenlebens, wahrlich nicht immer alles Gold war.

Neulich ruft Torsten an. Ziemlich spät am Abend. Seine Freundin schlafe schon, und er sitze allein vor dem Fernseher. Er gucke eine neue Serie, die sei ganz toll, erzählt er. Würde mir gefallen. Das sei so ganz nach unser beider Geschmack. So wie damals, als wir die *Sopranos* für uns entdeckt hatten. Dann wird es still am Telefon. Ich höre, dass Torsten schluckt und ihm ein bisschen die Stimme wegbleibt. Und mir wird klar: Nicht nur ich habe den Blues.

Die Reise

Oder: Wie ich erkenne, dass ich nicht zehntausend Kilometer weit reisen muss, um bei mir anzukommen

Etwas bluesig wird mir auch zumute, wenn ich daran denke, dass ich ausgerechnet in diesem Jahr einen großen runden Geburtstag feiern soll. Ich werde fünfzig.

Sabine und Julia lachen hämisch. Wir sind zusammen zur Schule gegangen, und ich war immer die Jüngste. Ein Jahr und ein paar Monate haben mir die beiden voraus. Und was mich als Jugendliche grün und blau ärgerte (die durften in die Disco – ich musste draußen bleiben!), gereicht mir nun, mit zunehmendem Alter, zum Vorteil. In den vergangenen zwei Jahrzehnten habe ich denn auch kaum eine Gelegenheit ausgelassen, darauf hinzuweisen, dass ich ja immer noch etwas Zeit habe, bevor meine ganz großen Geburtstagsziffern ins Haus stehen.

Fröhlich habe ich den beiden an ihrem Fünfzigsten zugeprostet und ließ *en passant* fallen, dass bei mir noch eine Vier vorne steht.

Aber jetzt bin ich dran.

Fünfzig und verlassen – wenn das kein Anlass für den Blues ist!

Mein Motto soll aber lauten: mit fünfzig in ein neues Leben starten, juchhu! Aus dem Grund möchte ich auch nicht so feiern, wie alle meine Freunde gefeiert haben: mit einer großen Party.

Zugegeben, die Partys waren lustig und ausgelassen,

schmeckten aber im Abgang etwas schal nach »Mann, waren wir früher wild – aber heute vertrage ich ja nichts mehr / muss ich früh ins Bett / zwickt der Rücken.«

Ich weiß, dass ich das nicht will. Ich würde mich noch älter und noch verlassener fühlen. Einfach nur ein kleines Essen mit den engsten Freunden aber wäre dem Anlass nicht würdig, das kann ich auch ohne fünfzigsten Geburtstag haben.

Ich möchte zu gern eine Zäsur setzen. Etwas ganz und gar Ungewohntes machen, aus meinem Alltag ausbrechen. Mein Aufbruch in ein neues Leben soll mit einem Paukenschlag beginnen!

Außerdem sitzt mir seit einiger Zeit ein kleiner Teufel im Ohr, der mir ein süßes Mantra einträufelt: Du musst dir etwas gönnen! Dieser Gedanke, der vorgibt, es gut mit mir zu meinen, hat sich aus dem Nichts in meinen Kopf geschlichen, und jetzt werde ich ihn einfach nicht mehr los.

Lust auf eine Tafel Schokolade? Unbedingt, du musst dir was gönnen!

Ein teurer Cocktail statt der üblichen Weißweinschorle? Klaro! Gönn dir was!

Eigentlich habe ich genug Winterjacken, aber dieser schicke Blazermantel hier ... Komm, zögere nicht, raus mit der Kreditkarte, du musst dir was gönnen!

Ich muss wohl nicht ausführen, wie fatal sich dieser tückische Gedanke auf mein Konto (und Gewicht) auswirkt, also genug davon.

Kaum habe ich mir die (vor)letzten Tränen aus dem Gesicht gewischt und eine Mülltonne mit vollgeheulten Taschentüchern entsorgt, schleicht sich also dieser Gedanke ein. Mir etwas gönnen. Etwas Tolles, Großes, nie Dagewesenes. Der Fünfzig und meinem neuen Leben würdig. Etwas, von dem ich immer geträumt habe.

Fatal, dass ich in jenem Moment am Laptop sitze, denn das Internet erfüllt bekanntlich im Nu alle Träume, und zehn Minuten später bin ich nur einen Klick von einer Yoga- und Meditationsreise nach Bali entfernt.

Türkisfarbenes Meer, Swimmingpools unter Palmen, wogende Reisfelder, lachende Menschen in bunten Gewändern, goldene Buddha-Statuen und die Verheißung von Entspannung, Wohlbefinden und innerer Einkehr locken. Locken sehr.

Sehr, sehr, sehr.

Klick.

Gebucht.

Gegönnt.

Ich hole tief Luft. Und bin augenblicklich überfordert von meiner eigenen Courage. Andererseits: Rückgängig machen kommt absolut nicht infrage! Auch mal was wagen! Wann, wenn nicht jetzt! Und wie war das noch?! Ich muss mir doch mal was gönnen.

Ein kurzer Blick auf den Preis dessen, was ich mir da mal eben so gegönnt habe, lässt mir das Blut in den Adern gefrieren. Das kann ich mir nicht leisten. Nicht als alleinerziehende Selbstständige.

Andererseits stelle ich zu meiner Beruhigung fest, dass ich zunächst nur eine kleine Anzahlung leisten muss, und die ist sogar in meinem Budget noch drin. Der große Rest wird erst in ein paar Monaten fällig. Pah!, denke ich, in ein paar Monaten, wer weiß schon, was da ist. Vielleicht bin ich berühmt, auf der Spiegel-Bestsellerliste oder habe im Lotto gewonnen. Auf alle Fälle bin ich dann fünfzig, und das wird ja wohl noch drin sein.

Ich muss nicht extra betonen, dass nichts davon eingetreten ist. Bezahlt habe ich trotzdem, und gefahren bin ich auch.

Ich buche also, was ich kurz darauf bitter bereue. Nicht etwa wegen des Geldes – ich besitze die wunderbare Fähigkeit, mir deswegen nur ganz kurz Sorgen zu machen und diese Sorgen dann sofort in ein Kämmerchen meiner Hirnwindungen einzusperren. Das Kämmerchen befindet sich dort, wo man es nie mehr wiederfindet.

Nein, ich bereue diesen Entschluss, weil nicht nur auf Sabines Gesicht ein seliges Lächeln tritt, als ich ihr davon erzähle. »*Eat Pray Love*«, flüstert sie, und damit ist sie nicht die Einzige. Beinahe jeder Mensch, dem ich von meinem Vorhaben erzähle, kontert mit dem Mantra: »*Eat Pray Love.*« Nicht nur, dass ich weder mit der Autorin Liz Gilbert noch mit der von Julia Roberts verkörperten Filmfigur irgendetwas gemeinsam habe, es kränkt mich auch, dass mein Traum, der doch für mich eine einzigartige Wunscherfüllung sein soll, dadurch etwas Gemeingültiges bekommt. Die Gleichung »Beziehung in die Brüche gegangen = finde dich selbst auf Bali« scheint für unzählige Frauen auf der Welt eine globale Glücksformel zu sein. Irgendwie finde ich das schal und abgeschmackt.

Als ich in meinem neu erworbenen Reiseführer Folgendes lese: »Beim Spazierengehen durch die Gassen trifft man auf erstaunlich viele Frauen im besten Alter, bewaffnet mit einem Buch und einer Yogamatte, die genau wie die Heldin des Buches spirituelle Erleuchtung bei Heilern suchen und wild entschlossen sind, ebenfalls die große Liebe zu erfahren«, bin ich erneut drauf und dran, die Reise zu canceln. Will ich meinen fünfzigsten Geburtstag wirklich mit Horden mittelalter Frauen auf der Yogamatte feiern?

Ich entscheide, dass es so schlimm nicht werden kann, und halte eisern an meinem Plan fest.

Achtundzwanzig Stunden bin ich unterwegs, ohne Schlaf und in denselben Klamotten, dann stehe ich – ein halbes Jahr nach Buchung der Reise – schwitzend und völlig übermüdet in Denpasar, Bali, auf dem Flughafen. Mir recken sich zahllose Arme entgegen, gut drei Dutzend Schilder werden in die Höhe gehalten. »Mrs. Rebecca Walter«, »Dolphin Tours, Meyer«, »Wolfgang Müller, Sunshine Hotel« oder schlicht »Robinson Club« stehen darauf. Mein Name ist nicht darunter.

Ich gehe die Schlange der Taxifahrer, die diese Schilder in die Höhe recken, einmal ab, dann ein zweites Mal. Aber nirgendwo steht »Marie Matisek«. Ich werfe noch einmal einen Blick in das Schreiben des Resorts, in dem ich die Yoga- und Meditationswoche gebucht habe: »Am Flughafen erwartet unser Fahrer Sie bereits, er wird ein Schild mit Ihrem Namen vorzeigen, sodass Sie sich nicht verpassen können.«

Aber auch das angeblich Unmögliche passiert, und dummerweise immer mir. Oder? Ich sehe noch andere Touristen, Touristinnen zumeist, die mit ratlosen Gesichtern umherirren. Kein Wunder bei dem Gewusel hier auf dem balinesischen Flughafen. Es geht ein bisschen so zu wie beim Apple Store, wenn ein neues iPhone rauskommt. Nur dass dort das Ziel klarer definiert ist: Rein in den Laden! Mein Ziel ist nicht so einfach zu erreichen, ich muss ans andere Ende der Insel, in den Norden. Drei Stunden mit dem Auto, so steht es in dem Reisebegleitschreiben. Aber wie? Diejenigen der Taxifahrer, die keinen bestimmten Gast abholen – das sind die ohne Schild –, erkennen schnell ihre Chance. Ich beobachte noch, wie eine junge amerikanische Touristin von einem Driver regelrecht »abgeschleppt« wird, als sich auch schon an meinen Arm ein freundlicher, aber sehr bestimmt wirkender junger Mann hängt. »Taxi? Taxi? You need Taxi, Misses?«

Ich verneine, zunächst freundlich, und erkläre ihm, dass ich auf einen ganz bestimmten Driver warte. Das lässt er nicht gelten und zieht mich zu einem Infostand, um meinen Namen (den ich aus einer Mischung von Unterforderung, Übermüdung und Freundlichkeit preisgegeben habe) ausrufen zu lassen. Als sich auf die Aufforderung »Mrs Marie Matisek is waiting for her driver« niemand meldet, grinst mein ungebetener Begleiter triumphierend und hält mir zum wiederholten Mal seine Taxi-Lizenz ins Gesicht.

Ich bin unsicher. Soll ich diesem wildfremden Mann vertrauen, zu ihm ins Auto steigen und mich drei Stunden kreuz und quer durch Bali fahren lassen? Wird er mich an den richtigen Ort bringen? Offensichtlich ist er des Englischen nicht wirklich mächtig, zu viel mehr als »You need a Taxi, Misses?« reicht sein Vokabular nicht. Und falls wir mein Ziel tatsächlich erreichen, werde ich für die Taxifahrt meine gesamte Reisekasse opfern müssen? Drei Stunden sind schließlich kein Pappenstiel.

Es ist das erste Mal – und nicht das letzte –, dass ich an meinem Unternehmen zweifle. Werde ich hier wirklich finden, wonach ich so dringend suche? Erholung, Erkenntnis, Erfüllung?

Kann ich, so wie ich es mir erhoffe, eine Zäsur setzen, einen Strich unter meine vergangenen fünfzig Lebensjahre ziehen und in ein neues Leben als frischgebackener glücklicher Single, alleinerziehend mit nur mehr einem Kind im Schlepptau, durchstarten? Mithilfe von Krieger, Held und herabschauender Hund, ein bisschen Ommm und Meditation ein neuer, weil in seiner Mitte ruhender Mensch werden? Oder ist es eine Schnapsidee, mich ausgerechnet hier, zehntausend Kilometer von meiner Heimat entfernt, bei subtropischen Temperaturen erleuchten lassen zu wollen?

Nun also stehe ich allein – abgesehen von meinem neuen Freund am Arm, der noch immer auf das ganz große Geschäft hofft – auf dem Flughafen Denpasar und bin ratlos. Den Blick auf den Eingang geheftet, hoffe ich auf ein Wunder, oder mindestens eine Eingebung. Und ich habe Glück! Brahma, Shiva, Ganesha oder ein anderer der vielen Götter Balis meinen es gut mit mir. Ein Taxifahrer kommt in die Eingangshalle gestürmt, ein handgeschriebenes Schild vor sich hertragend, und auf diesem Schild steht tatsächlich mein Name! Ich winke ihm, verabschiede den Driver, der enttäuscht von dannen zieht, und kann drei Stunden später erleichtert mein Zimmer im Resort beziehen. Von den anderen Gästen habe ich noch niemanden gesehen und schicke ein vorsichtiges Stoßgebet an wen auch immer, dass ich nicht ausschließlich mit meinesgleichen yogaisiere.

(Im Übrigen, das muss ich der Wahrheit halber hier anmerken, verlief die Fahrt nicht ganz reibungslos. Die drei Stunden im Taxi quer über die Insel waren eine ziemliche Herausforderung, und es kostete mich viel Kraft, nicht halb ohnmächtig aus dem Taxi zu plumpsen und auf allen vieren zu meinem Zimmer zu robben.

Erstens: die Hitze. Dreißig Grad und eine nicht funktionierende Klimaanlage.

Zweitens: der Verkehr. Wer sich aufgrund des oben erwähnten Hollywoodstreifens vorstellt, dass man auf Bali in aller Gemütlichkeit durch malerische Reisterrassen juckelt, hat keine Ahnung. Mindestens eine Stunde haben wir auf den Ausfallstraßen Denpasars verbracht – bei mörderischem Verkehr. Die Balinesen fahren rasanter als Süditaliener, und sie tun dies zu zwei Dritteln auf Mopeds und Motorrädern. Barfuß, zu dritt oder viert, mit Hunden und Kleinkindern und sehr viel Gepäck. Ich glaube nicht, dass es dezidierte Verkehrsregeln gibt, jedenfalls haben sie sich mir nicht erschlossen – es gilt das Gesetz des Schnelleren. Es wird gehupt, geschnitten und die Vorfahrt genommen, dass einem schier schwindelig wird. Vor allem, ich glaube, das hatte ich schon erwähnt, wenn man seit achtundzwanzig Stunden ohne Schlaf unterwegs ist.

Drittens: die Berge. Um von einer Küste Balis an die andere zu gelangen, muss man erst einmal nach oben. Und dann wieder herunter. Schmale Straßen mit vielen Kurven. Sehr engen Haarnadelkurven. Straßen, auf denen Hunde schlafen und Kinder spielen. Der Fahrer beschleunigt, hupt, überholt – und bremst abrupt. Und das nach … genau, siehe oben. Ich habe es überlebt, aber die Tatsache, dass ich diese Strecke auf dem Heimweg wieder zurücklegen muss, schwebt während der ganzen Woche wie ein Damoklesschwert über mir.

Als ich verschwitzt und grünlich, mit im Gesicht klebenden Haaren und tiefen Augenringen im Resort eintreffe, verschwende ich einen wütenden Gedanken an Julia Roberts. Nein, von »*Eat Pray Love*« kann gerade wirklich nicht die Rede sein. Ich bin weit davon entfernt, in frisch gewaschenem Blüschen mit fluffigem Haar und strahlendem Teint auf Bali einzureiten.)

Die freundliche balinesische Hotel-Managerin reicht mir eine Kokosnuss und zeigt mir mein Zimmer. Alles sieht aus wie im Katalog, vom Himmelbett aus blicke ich auf wogende Palmen und den Ozean. Exotische Vögel rufen bei mir Assoziationen mit dem Dschungel wach, und von der Zimmerdecke glotzt mich ein Gecko an.

Wow, denke ich, ich bin im Paradies! Und verspüre einen Anflug von Stolz, weil ich so mutig bin. Es ist meine erste Fernreise. Meine erste Asienreise. Und tatsächlich meine erste Allein-Reise.

Als ich alt genug war, um meine Eltern nicht mehr in den Urlaub zu begleiten, bin ich mit Freundinnen durch Europa gezogen. In meinem rostigen VW-Käfer oder mit Interrail. Später dann habe ich diverse Urlaube mit meinen jeweiligen Partnern unternommen. Ein paarmal war ich auch allein unterwegs, aber immer nur, wenn ich Freunde besuchte, das zählte also nicht.

Und nachdem ich Torsten kennengelernt hatte, waren ganz schnell die Kinder da. Achtzehn Jahre Familienurlaub hatte ich auf dem Buckel. Ich erinnere mich an qualvolle Nächte in der Ferienwohnung, wenn ich aus Verzweiflung eines unserer Kinder im Stundentakt gestillt habe, damit die anderen Feriengäste nicht vom nächtlichen Schreien geweckt werden.

An den Kofferraum unserer ersten Familienkutsche, einen VW-Kombi, der immer zu klein war, weil wir alles mitnehmen mussten: Buggy und Laufrad. Kinderwagen und Kiddyboard. Kinderbett und Fläschchenwärmer.

An Staus im Sommer, zwei schwitzende und weinende, nörgelnde und spuckende Kleinkinder auf der Rückbank. »Wann sind wir endlich dahahaaaa?« »Ich muss mal pullern.« »Mama, mir ist sooo schlecht …« »Ich kann nicht schlafen!« »Mein Hasi / Schnuller / Flaschi ist runtergefallen.« An erschöpfte Eltern auf überfüllten Raststätten. An die große blaue Ikea-Tüte, randvoll mit Schuhen: Flip-Flops, Sandalen, Gummistiefel – falls es doch mal regnet.

Stabile Schuhe – »Wir wollen ja ins Lego-Land, da muss man den ganzen Tag laufen.« An Kinderrucksäcke, verschiedene Spiele, CDs und Bilderbücher.

Irgendwann kam der Familienhund dazu, wegen dem wir auf alle Fälle mit dem Auto in den Urlaub fahren mussten, schließlich sollten mehrere Kilo Allergiker-Spezialfutter, zuckerfreie Leckerlis, ein Körbchen samt Schlafdecke und seine Spielzeuge transportiert werden.

Die Erinnerung an die vielen unglaublich anstrengenden, in der Rückschau jedoch traumhaft schönen Familienurlaube trifft mich wie ein Schlag. Der Blues ist wieder da! Ich muss mich aufs Bett setzen und starre aufs Meer, blinzle die Tränen weg. Familienurlaube sind vorerst vorbei. Aber, denke ich nun – und der Gedanke tröstet mich ein wenig –, das wären sie auch ohne unser Ehe-Aus gewesen. Die Kinder sind groß, sie verreisen mit Freunden. Wir wären also sowieso zu zweit in den Urlaub gefahren, Torsten und ich.

Allerdings bezweifle ich, dass daraus jemals etwas geworden wäre. Torsten ist nie gern in den Urlaub gefahren – außer einmal im Jahr an die Nordsee –, und Asien wäre mit ihm schon gar nicht zu machen gewesen.

Und ist es so nicht viel toller?, denke ich und betrachte mein Gepäck. Ein paar dünne Fummel, ein Bikini und mein Kosmetikbeutel. So einfach ist es plötzlich, wegzufahren!

Die Trauer verfliegt nun komplett, ich erfreue mich an meinem Mut und der Unkompliziertheit. Hier sitze ich, ganz weit weg von zu Hause, und begebe mich auf ein kleines Abenteuer! Ich fühle mich plötzlich wieder ganz stark und frei, bin stolz auf mich und denke, dass ich dieses

Abenteuer in meiner Ehe vermutlich nie eingegangen wäre. Ich hätte immer einen Kompromiss gesucht, wäre dahin gefahren, wo mein Mann hinfahren wollte, und erst recht nicht hätte ich mich mutterseelenallein auf den Weg gemacht.

Eigentlich war ich ganz schön blöd, so finde ich heute. Jetzt, wo es zu spät ist. Wir sollten diese Abenteuer auch eingehen, wenn uns danach ist, und uns von nichts und niemandem aufhalten lassen. Ich bin überzeugt, dass es unserer Ehe nur gutgetan hätte, wenn ich einfach mal allein losgefahren wäre. Aber ich weiß genau, was mich gehalten hat. Der Gedanke, dass ohne mich alles zusammenbricht. Wird Torsten pünktlich aufstehen, um die Kinder zur Schule zu wecken? Die Pausenbüchschen richtig befüllen? Weiß er, dass die Tochter keine Cranberrys mag und der Sohn keine Kekse? Wird er den Hund jeden Abend bürsten, den Schnee räumen, die Küche putzen? Vermutlich ja, er hätte es sicher geschafft. Er hätte es anders gemacht als ich und in meinen Augen weniger perfekt. Tatsächlich hätte mich Torsten niemals davon abgehalten, allein in den Urlaub zu fahren.
    Ich war im Übrigen oft beruflich unterwegs und habe bei meiner Rückkehr kein einziges Familienmitglied verhungert oder verwahrlost vorgefunden …
    Abgehalten hat mich einzig und allein mein Wahn, für meine Familie unentbehrlich zu sein.

Bei dem ersten Dinner im Resort werden alle meine Befürchtungen irgendwie wahr und dann doch wieder nicht. Tatsächlich sind wir fast ausschließlich Singles, inklusive der Leiterin des Resorts und der Yogalehrerin. Auch sind wir überwiegend Frauen. Gerade einmal ein Quotenmann ziert unseren Tisch – ein außerordentlich sympathischer Australier namens Stewart, mit fünfundsechzig der Älteste in der Runde. Er ist nicht nur der einzige Mann, er ist auch der Einzige, der kein Deutsch spricht, und der Einzige, der sich nicht selbst finden will. (Und auch nicht muss. Stewart, ehemaliger Arbeiter einer Ölgesellschaft, ruht so gut gelaunt in seiner Mitte, dass sich selbst Shiva noch ein Stückchen davon abschneiden könnte – ganz ohne Yoga und spirituelles Brimborium.) Stewart hatte einen Autounfall und seither Nackenprobleme, die er bei der deutschen Physiotherapeutin, die das Resort leitet, auskurieren will. Er ist also »nur« Rekonvaleszent, was ich angenehm profan finde und worum ich ihn im Lauf der Woche noch mehrmals beneiden werde. Immer wenn wir Damen uns über unsere Befindlichkeiten austauschen, zusammen bei den Yogaübungen ächzen oder uns den Kopf über Tatortkarten zerbrechen, klappt Stewart die Ohren an, lächelt fein und verabschiedet sich auf sein Zimmer.

Die anderen Single-Frauen, die außer mir an dem Yogaretreat teilnehmen, sind zu meiner großen Erleichterung nur zu einem kleinen Teil midlifecrisisgeplagt.

Außer mir ist nur eine Frau in ungefähr meinem Alter dabei – Agnes, eine Lesbierin aus der Schweiz, und die ist genau genommen aus der ganzen Sache schon raus. Agnes, bereits Ende fünfzig, erzählt mir freudestrahlend, dass das Reisen jetzt noch mehr Spaß macht als zuvor, wo sie sich noch mit Regelblutungen herumschlagen musste.

(Etwas mehr Information als nötig.)

Sie ist als fröhlicher Single unterwegs und hat das Reisen vor vier Jahren für sich entdeckt. Später wird sie mir erzählen, dass sie ihre langjährige Lebensgefährtin, die an einer unheilbaren Krankheit litt, bis zu ihrem Tod gepflegt hat. Was mir wieder ins Bewusstsein ruft, dass es wahrlich Schlimmeres gibt als eine gescheiterte Ehe. Agnes strahlt, sie ist ein großartiger Mensch, und nachdem ich weiß, was hinter ihr liegt, habe ich noch mehr Respekt vor ihr. Sie kommt von einer Himalaja-Expedition, von der sie sich mit Yoga, Meditation und Massagen erholen will.

Ich schaudere. Würde ich in ein paar Jahren auch so wilde Sachen unternehmen? Durch die Mongolei reiten, den Amazonas herunterschippern oder auf dem Popocatépetl wandern gehen? Eine Ahnung von grenzenloser Freiheit, einem neuem Leben und unzähligen Möglichkeiten leuchtet vor meinem geistigen Auge auf. Nein, ich will ehrlich sein, es glimmt in weiter Ferne.

Neben Agnes sind noch fünf jüngere Frauen mit von der Partie, das Spektrum reicht von fünfundzwanzig bis fünfunddreißig. Alle fünf hadern mit ihren Berufen und weniger mit Trennungen oder Beziehungen. Ich lerne, dass man bei der mir nachfolgenden Generation von einer »Quarterlife-Crisis« spricht. Die Krise verschiebt sich also von der Lebensmitte ins erste Lebensviertel.

Ich bemitleide die jungen Frauen. Wie furchtbar muss es sein, wenn man bereits mit Mitte dreißig – oder viel schlimmer noch – mit Mitte zwanzig in einer Berufskrise steckt! Zumal die Jüngeren allesamt kinderlos sind.

Ich finde, dass ich im Vergleich noch richtig gut dran bin – die Themen Kinder, Familie und Karriere habe ich immerhin erfolgreich absolviert und leiste mir nun ein Innehalten. Wohl wissend, dass ich auf eine erfüllte, glückliche und verhältnismäßig krisenfeste Lebenshälfte (optimistisch geschätzt) zurückblicken kann. Auch kann ich einigermaßen entspannt nach vorne schauen, habe meinen Traumberuf gefunden und aller Voraussicht nach zehn freie Jahre vor mir, bis (hoffentlich!) die ersten Enkel kommen. Und weil ich ein durch und durch euphemistischer Charakter bin, der versucht, in allem Schlechten auch etwas Gutes zu sehen, denke ich mir, dass die Ehekrise zum perfekten Zeitpunkt kommt. Nicht zu früh und nicht zu spät.

Erstaunlich ist für mich, dass die jüngeren Frauen mich nicht bemitleiden, weil ich getrennt bin, sondern beglückwünschen. Für diese Generation scheint eine langjährige Ehe, anders als noch für uns oder gar die Generation unserer Eltern, nicht unbedingt erstrebenswert zu sein. Zwar wünschen sich alle eine Beziehung, aber wenn ich ihnen zuhöre, habe ich das Gefühl, dass man die dazu passenden Männer erst noch backen muss. Kinder und Beziehung werden der Karriere ganz klar nachgeordnet, obwohl es anscheinend gerade die Karriere zu sein scheint, die diese Frauen geradewegs und viel zu früh in die Krise hat schliddern lassen.

Die Einzige, die hier also vermeintlich auf den ausgelatschten »*Eat Pray Love*«-Pfaden wandelt, bin also ich. Darauf ein dreifaches Ommm!

Aber die Sache mit der Selbstfindung und Ausgeglichenheit ist gar nicht so einfach, der Weg dahin steinig. Mir jedenfalls setzt das Klima ziemlich zu. Am Tag hat es dreißig Grad und mehr, nachts sinkt die Temperatur nur unwesentlich. Und immer ist es feucht. Trotz mehrmaligen Duschens am Tag schwitze ich durchgehend. Und in der Nacht ist es zu heiß, um in den Schlaf zu finden.

Als ich in einer der Nächte wieder wach und schweißgebadet zwischen den feuchten Bettlaken liege, frage ich mich, ob das subtropische Bali der richtige Ort für meine

Selbstfindung ist, denn diese Woche besteht hauptsächlich aus Schwitzen und nicht Schlafenkönnen. Es ist für mich eine Art Vorgeschmack dessen, was sehr bald und so sicher wie das Amen in der Kirche auf mich zurollt: schwitzen und nicht schlafen können. Ich hatte die magische Zahl durchbrochen, ab dem fünfzigsten Lebensjahr geht es los mit der Hormonumstellung. Die Woche in Bali ist wie eine Woche im Klimakterium extrem. Darauf hätte ich eigentlich ganz gern verzichtet.

Ich resümiere für mich: Der nächste Aufenthalt in Asien wird erst geplant, wenn ich die Wechseljahre hinter mir habe. Alle anderen Gäste hier scheinen das zu wissen, sie sind entweder noch meilenweit davon entfernt oder haben sie bereits hinter sich. Oder sie sind Stewart. Ein Mann.
Ich falle in einen kurzen, oberflächlichen Schlummer, vor meinem geistigen Auge erscheinen schneebedeckte Berge und die eiskalte Nordsee. Ach, was für ein Paradies …

Jeder Morgen hier beginnt mit einem festen Ritual. Wir treffen uns um kurz nach sieben im Atrium des Hotels und ziehen eine Karte. Jeden Tag liegt ein anderes Kartenspiel aus, mal Tarot-Karten, mal welche mit Engeln oder Sinnsprüchen. Am ersten Tag ziehe ich die Karte »Career-Change«, die mir empfiehlt, über einen Berufswechsel nachzudenken. Gern bin ich bereit, alles in meinem Leben zu ändern, deshalb bin ich ja unter anderem hier, aber ausgerechnet das will ich nicht. Ich habe seit ein paar Jahren nicht nur meine Berufung, sondern auch meinen Traumberuf gefunden. Ich bin Schriftstellerin mit Leib und Seele, und wenn es außer meinen Kindern eines in meinem Leben gibt, das ich als ganz großes Glück empfinde, dann ist das mein Beruf!

An den folgenden Tagen ziehe ich meine morgendliche Karte mit allergrößter Skepsis, und außer allgemeingültigen Kalendersprüchen (»Zünde das Licht in dir an!«) hilft mir keine Karte so richtig auf die Sprünge. Anscheinend muss ich ohne die Tipps von Erzengeln meinen Weg finden.

Überhaupt die Spiritualität. Seit einigen Jahren praktiziere ich nun schon Yoga, mit großer Begeisterung (jaja, Schlafyoga. Aber trotzdem!). Und tatsächlich wage ich zu behaupten, dass es mir sehr geholfen hat, mich innerlich im Gleichgewicht zu befinden. Ich halte mich für entspannter, ausgeglichener und insgesamt mit der Welt mehr im Reinen. Es gibt da allerdings so einen Aspekt, der mich nicht wirklich erreicht, und das ist dieses spirituelle Ding. Mir ist jegliche Esoterik ein bisschen suspekt, schließlich sind auch die Völker, die Yoga praktizieren, dem Buddhismus angehören oder ganz allgemein von großer Spiritualität beseelt sind, nicht gegen Kriege und andere Gewalttätigkeiten gefeit.

Edelsteine, die das Leitungswasser reinigen, Engel, die uns auf den rechten Pfad des Lebens geleiten, oder ähnliche Sperenzchen sind einfach nicht meins. Ich bin Pragmatikerin, mir helfen ein leckeres Essen und ein Glas guter Wein schneller mal über schlechte Laune oder eine kleine Krise hinweg.

Die Kartenzieherei erledige ich also des Morgens pflichtschuldigst, habe die Botschaften aber nach wenigen Minuten schon wieder vergessen. Ich muss mich sowieso auf die Yogaübungen konzentrieren, die all meine Kräfte erfordern, schließlich habe ich die halbe Nacht über wach gelegen, bin also nicht wirklich ausgeruht. Dann die Hitze! Zwar war ich nach dem Aufstehen unter der Dusche, gleich danach aber wieder so nass, als hätte ich mich nicht abgetrocknet. Außerdem kommt erschwerend hinzu, dass wir eineinhalb Stunden Yoga mit leerem Magen praktizieren. Frühstück gibt es erst hinterher. Vier meiner Mitstreiterinnen müssen außerdem eine Viertelstunde lang den Mund mit Öl ausspülen und nachher noch ein Schnapsglas davon trinken – die Ärmsten haben eine Ayurvedawoche gebucht. Mir wird schon flau im Magen, wenn ich ihnen zusehe.

Dass es nicht günstig ist, gymnastische Übungen mit einem Pfund Müsli im Bauch zu absolvieren, weiß sogar ich, trotzdem halluziniere ich die gesamte Yogastunde über von Essen. Nur einen kleinen Keks, bitte …

Nach der Hälfte der Zeit zittern meine Beine vor Schwäche, und ich bin jeden Morgen drauf und dran, die Sache abzubrechen und ohnmächtig auf der Matte niederzusinken, reiße mich aber dennoch am Riemen. Ich bin die Unfitteste im Raum und die Dickste, da will ich mir einfach keine Blöße geben.

Wie schon bei dieser Bauch-Beine-Po-Geschichte. Mich beschleicht eine Ahnung: Haben die anderen in meinem Alter mit meiner Fitness und Statur vielleicht alle schon längst aufgegeben? Bin ich die Einzige, die nicht kapiert, dass der Zug längst abgefahren ist?

Das Durchhalten lohnt sich, voller Stolz darf ich verkünden, dass ich es geschafft habe! Jeden Morgen! Unter Qualen, aber ja, ich habe es durchgezogen!

Bei der Heimreise allerdings spüre ich jeden Muskel. Ich habe mir außerdem etwas im Rücken verzogen, es zwickt hier wie dort, und ich muss dringend eine Woche mit Yoga aussetzen, um meinen geschundenen Körper zu schonen.

Also: die Spiritualität. Mit den obigen Erläuterungen will ich nicht Mitleid heischen, sondern erklären, warum ich bei den morgendlichen Yogaübungen nicht meinen Geist reinigen und durchlüften konnte, so wie es eigentlich der Plan war. Stattdessen litt ich an Hunger und Schweißausbrüchen, überanstrengte mich und konnte nicht schlafen. *Drink, sweat, no sleep.*

Meine Hoffnung auf Erleuchtung setze ich also auf die abendlichen Yogaübungen. Dann ist Meditation angesagt, und ich erhoffe mir, dass ich in dieser paradiesischen Umgebung, fernab von zu Hause, den Kopf dafür frei habe und mich darauf einlassen kann. Zu Hause endet jeder Meditationsversuch damit, dass ich wahlweise an eine To-do- oder an meine Einkaufsliste denke. Meistens an beide. Termin beim Kieferorthopäden! Mehlige Kartoffeln nicht vergessen. Habe ich noch genug Briefmarken? Ob das Brot bis morgen reicht …

Genau das will ich endlich hinter mir lassen. Ich bin hier, um mich nicht länger von den Banalitäten des Alltags steuern zu lassen – ich will wieder die Oberhand über mein Leben bekommen, mich nur noch mit den wichtigen Dingen des Lebens beschäftigen. Mein Herz und meinen Geist öffnen, klar werden und gütig.

So viel zu meiner Idealvorstellung.

Tatsächlich sieht es so aus, dass wir am Abend, begleitet von sphärischer Musik und dem leicht penetranten Geruch von Räucherstäbchen, wunderbar ruhige Yogaübungen machen und der sanften, einschmeichelnden Stimme der Yogalehrerin lauschen. In der Woche stellt sie uns an jedem Abend eine andere Form der Meditation vor.

Bei mir haben alle den gleichen Effekt: Ich schlafe ein, fange sogar an zu schnarchen, kann also noch nicht einmal so tun, als ob ich bloß meditiere! Mir ist das fürchterlich peinlich. Ich werde freundlich belehrt, dass Einschlafen nicht der Sinn der Übung sei, aber ich kann mir nicht helfen – ich schlafe ein. Und zwar sofort. Jeden Abend. Immerhin, freue ich mich heimlich, denke ich auch nicht an Einkaufslisten. Das ist doch schon mal ein Erfolg!

Ansonsten ist in der Woche sehr viel von einem Kraftort die Rede. »Spürt ihr den Kraftort Bali?«, fragt uns die Yogameisterin und Leiterin des Resorts. Ich bekomme ein schlechtes Gewissen, weil ich eigentlich mit Nein antworten müsste. Nicht nur, dass ich geschwächt bin, es ist auch so, dass ich, wenn ich an Bali denke, eher an Müll denke. Außerhalb der Mauern unseres herrlich gepflegten Resorts mag früher einmal das Paradies gewesen sein, doch jetzt liegt da draußen leider sehr viel Müll. Und der Müll ist nicht nur hässlich und gefährlich, er riecht auch. Was bei subtropischen Temperaturen kein Wunder ist. Außerdem wird ständig irgendwo Plastikmüll verbrannt. Zusammen mit der Abgaswolke von dem starken Verkehr ergibt das eine Luft, gegen die das Einatmen am Potsdamer Platz in Berlin wie eine Luftkur erscheint.

(Bali ist eine sehr kleine Insel mit einem sehr großen Müllproblem. Wenn man die Begriffe »Müll« und »Bali« googelt, stößt man auf viele kritische Artikel, die sich damit beschäftigen. Ich möchte hier nicht näher darauf eingehen, das würde den Rahmen sprengen und vom Thema wegführen, dennoch muss ich sagen: Das Müllproblem hat mich wesentlich davon abgehalten, Bali als paradiesischen Kraftort zu empfinden. Ich konnte weder die Plastiktüten im Riff, über das ich geschnorchelt bin, ausblenden noch die Berge von Verrottetem und Plastik, die links und rechts in den Straßengräben liegen oder die wunderschönen Dschungelwälder, Vulkane und Strände überfluten.)

Kraftort? Ich denke an zu Hause. An unser bequemes Sofa. An meinen Garten. An die wunderschöne Lichtung im Wald, an der ich jeden Morgen beim Gassi vorbeikomme. Ich kenne viele Kraftorte, aber dafür hätte ich nicht zehntausend Kilometer weit fliegen müssen.

Die Heimreise dauert sogar über dreißig Stunden. Ich habe in Bangkok sechs Stunden Aufenthalt und sehr viel Zeit, über meine Reise nachzudenken. Tatsächlich liegt eine erkenntnisreiche Woche hinter mir. Es hat sich eigentlich alles erfüllt, was ich mir erwartet habe – wenngleich ganz anders.

Ich habe gelernt, dass ich nicht ans andere Ende der Welt gehen muss, um zu mir zu kommen. Dass mir mehr denn je klar ist, was mir guttut, und das ist, mit Verlaub, kein Erholungsurlaub auf einer indonesischen Insel. Dass ich eigentlich schon sehr in meiner Mitte ruhe, wie anders wäre es zu erklären, dass ich, umgeben von fremden Menschen, in fremder Umgebung, binnen Kürzestem auf einer harten Matte einschlafen kann?

Ich habe erkannt, dass ich frei bin, viele neue Dinge zu tun – weit zu reisen, zum Beispiel. Dass ich aber auch frei bin, sie nicht zu tun!

Dass ich kein neues Leben beginnen werde, sondern mein altes weiterlebe – unter neuen Vorzeichen. Und dass die Kraft dazu dort herkommt, wo auch ich herkomme: aus meinem Zuhause. Dort, wo ich ganz bei mir bin, weil ich ich sein darf.

In der S-Bahn vom Flughafen nach Hause sehe ich aus dem Fenster und bemerke die graue Luft, die über der Stadt liegt. Es schneit ein bisschen und ist sehr kalt. Die Menschen, die am frühen Morgen mit mir in der S-Bahn sitzen, frieren und sind müde. Ich aber schaue hinaus in die Endnovemberkälte und bin glücklich ... Wieder zu Hause! Kälte, Schnee, Jahreszeiten! Ich freue mich auf Lebkuchen, auf Adventskalender, dicke Handschuhe und den von weißem Reif überzogenen Garten.

Auf mein Schlafyoga und die Müllabfuhr.

Sogar auf meinen Mann.

Der Schnitt

*Oder: Wie ich keine Kilos verliere,
aber trotzdem immer leichter werde*

Ich komme also, wenn schon nicht erleuchtet, so doch sehr friedlich und in mir ruhend nach Hause. Vom Flughafen Bangkok habe ich schon zu Hause durchgegeben, was ich mir am meisten zu essen wünsche: Pizza! (Torsten ist nämlich in meiner Abwesenheit im Haus, hütet Hund und Katz und nutzt die Vater-Sohn-Zeit.)

Es ist relativ früh am Morgen, die Zeit, zu der ich normalerweise gerade vom Gassi mit Kasper nach Hause komme und meinen Tag am Computer beginne.

Als mich der Taxifahrer vor unserem Haus absetzt, bemerke ich als Erstes, dass Torsten vergessen hat, die vollgestopfte Papiertonne rauszustellen. Sie wird nur alle zwei Wochen geleert, und ich werde große Mühe haben, meinen Papiermüll in den nächsten zwei Wochen loszuwerden. Es ist ja nicht so, dass ich ihm den Abholtermin der Müllabfuhr verschwiegen hätte. Nein, auf der To-do-Liste, die ich wohlweislich hinterlassen habe, ist der Abholtermin des Papiermülls mit besonderer Dringlichkeit gelb angemarkert.

Torsten freut sich, mich zu sehen, will am liebsten erst einmal quatschen, während Kasper mich flehentlich ansieht. Bilde ich mir das nur ein, oder waren die beiden noch gar nicht Gassi, und der Hund hat ein dringendes Bedürfnis? Ich schiebe die beiden recht unsanft nach draußen, meine gute Stimmung ist schon nicht mehr ganz so gut. Außerdem bin ich gekränkt, weil Torsten nicht daran denkt, mir nachträglich zu gratulieren. Zum Fünfzigsten! Ich habe eine WhatsApp nach Bali bekommen. Das war's. Mein Sohn hat den Geburtstag ganz vergessen. Hat ihn wohl keiner dran erinnert. Für so etwas bin entweder ich zuständig oder unsere Tochter. Die hält sich am anderen Ende der Welt auf – gratuliert hat sie mir aber trotzdem als Erste.

Kaum sind Hund und Herrchen aus dem Haus, sondiere ich das Terrain. Der Flur im Eingang ist nicht eben sauber, Hunde- und Katzenhaare haben sich zu kleinen Wollmäusen formiert und rollen mir entgegen.
Der Wäschekorb ist voll bis oben hin – das ergibt mindestens drei Waschmaschinen, meine Reisewäsche nicht mitgerechnet. Kühlschrank und Tiefkühltruhe sind leer gefressen, weil sich Vater und Sohn bedient haben, ohne wieder aufzufüllen. Ach so: Die Pizza haben die beiden dann einfach an dem Abend gegessen, an dem meine Nachricht aus Bangkok eintraf. Sie waren der Meinung, wir könnten ja stattdessen zur Feier des Tages essen gehen.
Ich will aber nicht essen gehen! Ich will auf dem Sofa sitzen und eine Pizza mampfen, sonst hätte ich nicht extra eine Nachricht deswegen geschickt!
Davon mal abgesehen, habe ich das Haus blank geputzt mit vollem Kühlschrank und leerem Wäschekorb hinterlassen – und wie sieht es jetzt aus?

In mir steigt eine so unfassbare Wut auf, dass ich hätte schreien können. Ich fühle mich gedemütigt, mit all meinen Bedürfnissen vollkommen missachtet. Am liebsten würde ich alle Sachen von Torsten in hohem Bogen aus dem Fenster werfen. Stattdessen reagiere ich mich anders ab, schnappe mir den Staubsauger und rase durch sämtliche Stockwerke. In diesem Moment weiß ich wieder, warum ich mich so befreit fühlte, als mein Mann das Haus verlassen hat. Und: Es hat sich nichts verändert! Nichts!

Es ist diese unfassbare Gedankenlosigkeit, diese totale Ignoranz gegenüber dem, was ich für diesen Familienhaushalt leiste und was mir wichtig ist. Mir wird in diesem Moment der höchsten Wut eines klar: Nie wieder, nie, nie wieder will ich in meine Ehe zurückkehren.

Ich sehne mich nach meinem kleinen Reich, einem Reich, in dem ich meine Dinge allein regle und in dem alles so ist, wie ich es mir vorstelle.

Meins.

Ich.

Allein.

All diese Worte, die ich mir zwanzig Jahre lang verboten habe, brechen aus mir heraus.

Ich brülle in den Staubsaugerlärm: »Ich bin dran, verdammt noch mal!«

»Warum hast du nicht *ihn* angebrüllt?« Sabine wieder. Sabine darf mich das fragen – sie geht nämlich ganz anders mit ihrer Wut um. Nachdem ich mich beim Staubsaugen abreagiert habe, sage ich tatsächlich kein Sterbenswörtchen, als Torsten mit Kasper vom Gassigehen zurückkommt. Ich bin noch immer angesäuert, aber anstatt ihm offen mitzuteilen, wie enttäuscht ich bin, schweige ich. Fresse grummelnd meinen Ärger in mich hinein. Weil ich keinen Stress will. Weil ich denke: Der versteht es eh nicht, dann ist er bloß wieder beleidigt. Weil ich glaube, dass es nichts bringt. Er müsste doch eigentlich wissen, was mir wichtig ist, nach zwanzig Jahren, und trotzdem kommt er mir nicht entgegen.

Alles falsch.

Man kann und sollte selbstverständlich friedlich und konstruktiv äußern, was einem nicht passt. Warum man gekränkt ist oder sich missachtet fühlt. Leider schaffe ich nicht einmal das, konfliktscheu, wie ich bin. Das muss ich dringend lernen, denn dass ich jeder Auseinandersetzung aus dem Weg gehe, ist natürlich auch Teil des Eheproblems gewesen. Leider ist es für diesmal zu spät, aber nicht für das nächste Mal. Für die nächste Beziehung.

Man muss es ja beileibe nicht so machen wie Sabine, die Nils bei der kleinsten Unzufriedenheit anbrüllt. Die in der Nacht, in der sie herausfindet, dass ihr Mann fremdgeht, seine Siebensachen einfach aus dem Fenster pfeffert. Die Luft aus seinen Fahrradreifen lässt und ihm schon mal einen Teller Salat über den Kopf kippt. Die Nils sofort anfährt, wenn ihr etwas nicht passt. (Umgekehrt zahlt Nils es ihr mit gleicher Münze heim.) Ihre Ehe ist genauso kaputtgegangen wie unsere, die Wut bringt meiner Meinung nach nichts. Ich glaube auch nicht, dass sich Sabine danach besser fühlt.

»Doch. Schon«, behauptet sie grinsend. »Frau gönnt sich ja sonst nichts.«

Ich glaube, für mich ist das nichts. Zudem hätte ich weder die Lust noch die Energie für solche Auseinandersetzungen aufgebracht.

Auf was ich allerdings Lust habe, ist, Torstens Sachen rauszuschmeißen. Und nicht nur seine. Ich will am liebsten den ganzen Ballast loswerden, den wir uns im Lauf der Jahre angeschafft haben – oder der uns angeschafft wurde.

Ich stehe in diesem Haus und sehe mich um – ich weiß, dass das hier mein Zuhause ist, aber ich will es nicht mehr.

Am liebsten würde ich mir Sohn, Hund und Kater schnappen, aus der Tür spazieren – und den Schlüssel wegwerfen.

Das Haus mit all dem, was sich darin befindet, passt nicht mehr zu mir. Natürlich ist es ohnehin zu groß und zu teuer geworden, aber da ist noch mehr als das. Ich fühle mich, als lebte ich im Mausoleum der Familie Matisek. Das Haus ist wie eine übergroße Hülle, die nicht mehr richtig sitzt. Wie ein Kostüm, aus dem ich herausgewachsen – oder besser: herausgeschrumpft – bin. Hier möchte ich nicht länger sein. Was ich mir am meisten wünsche, ist eine Wohnung – klein und mein. Überschaubar.

Natürlich gibt es da noch unseren Sohn, aber der lebt praktisch ausschließlich in seinem Zimmer, ansonsten wäre noch der gut gefüllte Kühlschrank zu erwähnen, alles andere ist ihm herzlich egal.

Das muss doch machbar sein!

Ich gehe es an. Systematisch.

Kaum ist Torsten wieder abgereist, beginne ich, nach Wohnungen zu suchen, außerdem scanne ich kritisch alles, was in diesem unserem Haus herumsteht.

Auf das meiste, so stelle ich fest, kann ich verzichten. Da ist zum Beispiel die Wiege aus Massivholz von Onkel Klaus. Nicht von meinem Onkel wohlgemerkt, sondern von Torstens. Die Wiege wollten Torstens Eltern irgendwann loswerden, bei uns war genug Platz, und jetzt habe ich sie an der Backe.

Oder die Super-8-Ausrüstung meines Vaters. Ein Heiligtum! Dazu gehören zwei Super-8-Kameras, eine Leinwand, ein Projektor, diverses Zubehör und natürlich zwei Regalmeter alte Super-8-Filme.

Das Gleiche mit Dias. Und das auch noch doppelt – sowohl von Torstens Vater als auch von meinem!

Als unsere Väter gestorben sind, sind unsere Mütter beide umgezogen. Und haben sich von allem möglichen Ballast befreit. Das meiste ist verkauft oder verschenkt worden, aber vieles – viel zu viel! – ist bei uns stehen geblieben. Wir haben ja Platz. In großen Häusern lässt sich eine ganze Menge versenken.

Das gute Porzellan von Oma Ida.
Der antike Bauernschrank aus dem Elsass.
Die Modellauto-Sammlung von Torstens Vater.
Die Modellauto-Sammlung von meinem Vater.
Der unzeitgemäße Silberfuchs meiner Mutter, mit dem sich – zu Recht – niemand auf die Straße traut.
Der Brockhaus mit Goldschnitt.

Das ist nur der Anfang der Liste der »vererbten« Dinge. Es folgt der Anfang der Dinge, die wir angesammelt haben:
- Acht große Kisten mit Lego.
- Fünf mit Playmobil.
- (Barbies sind Gott sei Dank alle schon rausgeflogen, unsere Tochter hat sich ihrer geschämt.)
- Vier große Billy-Regale mit Kinder- und Jugendliteratur.
- Fünf Sofas, eine Récamiere.
- Ein Boxsack, mit dem seit Jahren niemand trainiert.
- Ein Klavier, auf dem seit Jahren niemand spielt.
- Eine Slackline, ein Trampolin, ein Ständer für die Hängematte, ein Rasenmäher, ein Vertikutierer, zwei Grills – das allein im Gartenschuppen, in dem sich zusätzlich noch drei schrottreife Fahrräder stapeln.
- Jede Menge Deko-Krempel, allein ein Schrank voll Christbaumschmuck! Weil ich mal heiß darauf war, antiken Schmuck bei eBay zu ersteigern. Jetzt verstaubt er.

Das ist, wie gesagt, nur ein kleiner Teil der überflüssigen Dinge, die meine Energiekanäle vollmüllen.

Als ich mit Scanner-Blick durch unser Haus gehe, wird mir richtig schlecht. Was für ein Wohlstandsmüll! Warum in Dreiteufelsnamen hängen wir unser Herz an diese Dinge? Warum haben wir einst gedacht, dass wir das alles brauchen? Ich habe ja noch nicht einmal gemerkt, dass wir so viel Zeugs bunkerten – der Platz war halt da. Man stellt die Sachen irgendwohin, und da vergammeln sie, solange sie niemanden stören.

Aber nun, da ich diese vielen unnützen Dinge ins Licht meines Bewusstseins gezerrt habe, stören sie mich. Mehr noch: Sie belasten mich. Ich will das alles nicht mehr haben. Warum soll ich damit umziehen?

Vollkommen klar: Das muss alles weg.

Torsten hebt gleich abwehrend die Hände: Er will nichts haben! Er hat das Nötigste mitgenommen, außerdem wohnt er ja bei seiner Freundin, da ist kein Platz für unseren alten Krempel. Das sehe ich genauso: In meinem Leben ist ab sofort auch kein Platz mehr dafür.

Also habe ich von jetzt an ein Problem: Wie werde ich das Zeug wieder los?

Die meisten Freunde raten mir, alles zu verkaufen. So schlage ich noch Kapital aus den Dingen.

Was absolut stimmt und absolut vernünftig ist, ich würde das auch liebend gern tun. Da ist nur der klitzekleine Einwand: Ich bin berufstätig. Wenn ich diesen ganzen Krempel über Kleinanzeigen oder eBay verkaufen will, muss ich alles fotografieren, ausmessen, beschreiben. Quittungen suchen. Prüfen, ob die Dinge intakt sind. Porto- bzw. Speditionskosten abchecken.

Dann müsste ich die Internetanzeige schalten. Hin- und hermailen, Fragen beantworten. Geldeingang prüfen. Verschicken. Das wiederum bedeutet, dass ich zuvor geeignete Verpackungen und Füllmaterial besorgen muss, um die Sachen anschließend verpacken und verkleben und zur Post bzw. zur Spedition bringen zu können.

Wenn ich all das verkaufen möchte, was ich im Haus zu viel habe, bin ich ein halbes Jahr beschäftigt. Ohne »nebenher« ein Buch wie dieses hier zu schreiben.

Also suche ich im Telefonbuch nach Leuten, die diesen Job auf Provisionsbasis für mich erledigen. Eine freundliche Dame am Telefon sichert mir zu, in vier Wochen vorbeizuschauen, vorher keine Chance. Ich rufe einen anderen Verkäufer an. Dem wäre es lieber, dass ich die Sachen bei ihm vorbeibringe. Keine Chance meinerseits.

Schließlich ringt sich tatsächlich jemand durch und kommt zu mir nach Hause. Als der junge Mann mit mir durchs Haus geht und ich ihm die Sachen zeige, die ich loswerden möchte, schüttelt er den Kopf. Das Geschäft lohne sich nicht. Für die Sachen bekomme er nichts mehr, wenn er sie überhaupt verkaufen könne.

Ich ächze: »Aber der Brockhaus? Mit Goldschnitt!«

Er lacht mich aus. »In Zeiten von Wikipedia? Mit viel Glück bekommen Sie dafür noch fünfzig Euro. Wenn's hochkommt.«

»Pro Band?«

Er guckt mich nur mitleidig an.

Schließlich verlässt er das Haus mit den beiden Super-8-Kameras, verspricht sich aber nicht viel davon.

Alles andere bleibt bei mir.

Ich bin wie vor den Kopf geschlagen. Das alles soll nichts mehr wert sein? Das gute Porzellan mit Goldrand, das jahrzehntelang nur an Festtagen herausgeholt wurde – vollkommen wertlos?

Der Bauernschrank, das Tafelsilber, Bildbände – alles Schrott? Vielleicht zahlt einem eine wohlmeinende Seele hier und da noch ein paar Euro, aber das geht vielleicht gerade noch als Aufwandsentschädigung durch.

Ich brauche ein paar Tage, um mich davon zu erholen. Dann rufe ich Torsten an, der schließlich ebenso verantwortlich für die Sachen ist wie ich. Er zeigt sich kooperativ und bietet mir an, sich ein paar Tage freizunehmen. Er kommt, und wir beraten gemeinsam, was zu tun ist.

Wir gehen durchs Haus. Bei ein paar Dingen – den Kinderbüchern und Lego-Kisten zum Beispiel, ist klar, dass wir sie behalten, aber vermutlich beide nicht in unseren jeweiligen Wohnungen unterbringen wollen. Torsten schlägt vor, dass er sich darum bemüht, irgendwo einen trockenen Lagerraum anzumieten.

»Die Wiege von Onkel Klaus kommt weg!«, fordere ich. »Sonst ist der Lagerraum gleich wieder so voll wie unser Haus.«

»Die Super-8-Ausrüstung deines Vaters aber auch.« Torsten hat recht. Auch ich muss Zugeständnisse machen. In den zurückliegenden Jahren waren mir die Sachen seiner Familie ein Dorn im Auge, während mir die Sachen meiner Familie heilig waren.

Wir machen einen Deal: Für jedes Teil, von dem Torsten sich trennt, trenne auch ich mich von etwas.

Wir bestimmen zusammen, was zum Recyclinghof gebracht wird, was wir im Lagerraum aufbewahren und was wir spenden wollen.

Torsten hat die Idee. Warum unbedingt verkaufen, wenn man auch spenden kann? Es gibt so viele Bedürftige, auch in einer Stadt wie München.

Flüchtlingsfamilien, Obdachlose, Kinderheime. Kleiderhilfen von der Arbeiterwohlfahrt und Sozialkaufhäuser von der Caritas.

Wir machen den Anfang mit Geschirr, Winterklamotten und Daunendecken. Direkt in der Nähe gibt es ein Männerwohnheim. Torsten und unser Sohn fahren mit den Sachen hin – und kommen zu Tränen gerührt zurück. Alles hat dankbare Abnehmer gefunden. Die Lammfelljacke meines Vaters ebenso wie dicke Winterstiefel, Kochtöpfe und Bettzeug. Unser Sohn, behütetes Mittelstandskind, ist richtiggehend betroffen, als er sieht, dass in unserer unmittelbaren Nähe nicht nur SUV-Fahrer wohnen, sondern auch Menschen, denen es am Grundlegendsten fehlt. Die buchstäblich nichts haben. Wir werden ein paar Wochen später noch einmal zum Männerwohnheim fahren, aber dieses Mal mit Kaffee, Süßigkeiten und Obst – eine kleine Freude zum Nikolaus.

Eine ganze Woche telefonieren wir und suchen Organisationen, die gern Spenden entgegennehmen. Wir packen, schleppen, fahren in der Gegend herum und liefern aus. Überall empfangen uns dankbare und glückliche Gesichter.

Das Haus leert sich, und ich spüre, wie mit jedem Teil, das unser Haus verlässt, meine Seele leichter wird. Außerdem sehe ich das, was bleibt, mit anderen Augen. Erkenne wieder, was mir wichtig ist und was nicht.

Tatsächlich sind mir nur wenige Dinge so teuer, dass ich glaube, nicht auf sie verzichten zu können. Ich besitze zum Beispiel mehrere Kisten, Mappen und Schubladen randvoll mit allem, was meine Kinder jemals gemalt oder gebastelt haben. Bei der Durchsicht stelle ich fest, dass ich nicht unbedingt alles aufheben muss. Nur die persönlichsten, schönsten oder originellsten Bilder oder Basteleien dürfen bleiben. Dafür bekommen sie dann auch einen besonderen Platz.

Ich finde Holzmodelle, die unser Sohn gebastelt hat – sie kommen in dem kleinen Gewächshaus, das ich eigentlich wegschmeißen wollte, toll zur Geltung.

Oder der wunderschöne Delfin aus Ton von unserer Tochter, der wieder auftaucht. Ich hatte ihn ganz vergessen, jetzt wird er mein Briefbeschwerer.

Durch diese Aktion lerne ich, Dinge wertzuschätzen. Was nehme ich mit hinüber in die neue Lebensphase? Was nicht? In welchen Dingen finde ich mich noch wieder, was ist mir fremd geworden?

Es ist nicht leicht für Torsten und mich, darüber zu sprechen, was ihm gehört, was er behalten will oder ich.

Wir bekommen beide den Blues, und wenn unser Sohn uns nicht sieht, schleicht sich hier und da mal ein Tränchen in unsere Augen.

Als Torsten fährt, das Auto randvoll mit Sachen, über die sich seine Freundin bestimmt sehr freuen wird, ist das Haus viel leerer. Und mir wird klar, was ich schon seit Wochen und Monaten gespürt habe: Das Haus ist nur eine Hülle. Das bin nicht ich, und das ist nicht unsere Familie.

Es wird Zeit, es zu verlassen.

Blick nach vorn

*Oder: Endless Happiness –
das kann doch nicht mein Ernst sein?*

Es ist auf den Tag genau ein Jahr vergangen, dass Torsten diesen verhängnisvollen Satz gesagt hat: »Ich habe eine Freundin.« Selten ist ein Jahr an mir so schnell vorübergeflogen wie dieses. Es ist an der Zeit, innezuhalten und zurückzublicken.

Dass ich fünfzig Jahre alt geworden bin, habe ich praktisch nicht bemerkt. Ich hatte keine Alterskrise, der Geburtstag stellte keine Zäsur dar, es hätte auch der achtundvierzigste oder dreiundfünfzigste sein können. Der Geburtstag fand in meinem Bewusstsein gar nicht statt – was kann es Schöneres geben?

Der Satz, dass man immer nur so alt ist, wie man sich fühlt, mag abgeschmackt sein und oft nicht mehr als schaler Trost, aber in diesem Jahr empfinde ich wirklich so. Mein Alter ist für mich völlig nebensächlich geworden, zu vieles ist geschehen, das wirklich wichtig war.

Dabei stand mir der Fünfzigste wirklich bevor! In dem Jahr, in dem Katharina, Julia und Sabine fünfzig wurden, ging es um nichts anderes, und auf ihren Partys hatte ich oft genug den Eindruck, als sei dieser große runde Geburtstag der endgültige Abschied ins Vor-Renten-Alter. Von den unseligen Wechseljahresgesprächen unter Frauen nicht zu reden …

Alles Quatsch! Ich fühle mich im Moment so frisch und jugendlich, so voller Elan und Neugierde wie damals, als ich dreißig wurde und zum ersten Mal schwanger war. Der Schlüssel dafür liegt sicherlich in der Veränderung. Das Leben bewegt sich, und zum Glück ist es kein langer ruhiger Fluss. Das Jahr, auf das ich zurückblicke, gleicht eher einer Canyoning-Tour mit Wasserfällen, Strudeln und Untiefen – um im Bild zu bleiben.

Mit dreißig war ich neugierig darauf, was die folgenden Jahre bringen werden – wie wird das Leben, mit Kindern und Familie? Ich hatte keine Gewissheit darüber, wie es beruflich mit mir weitergehen würde, aber gerade das machte es so spannend – alles lag vor mir! Ich hatte nicht das Gefühl, dass da nichts mehr ist, sondern dass ich alle Möglichkeiten habe.

Und so ist es jetzt wieder. Alles wird sich verändern.

Demnächst ziehe ich aus dem Haus aus, ich habe eine tolle Wohnung gefunden. Gerade in der richtigen Größe für mich und meinen Sohn, Hund und Katze. Ich kann es kaum erwarten, dort einzuziehen, ich fühle mich wie mit neunzehn, als ich von zu Hause fortging.

Ständig mache ich Pläne, wie ich mich einrichte – streiche ich die Wand im Schlafzimmer blau oder lieber grün? Wohin mit der Bilderwand – in den Flur oder dorthin, wo das Wohnzimmersofa steht? Mein Sohn hält mich für ein bisschen plemplem, er hasst Veränderung, und auf die Frage, ob er in seinem neuen Zimmer etwas Neues haben möchte, reagiert er mit panischem Entsetzen. Nein, sein altes Zimmer darf gern eins zu eins in der neuen Wohnung rekonstruiert werden.

Mir ist das egal, Hauptsache, ich darf alles verändern.

Ich erinnere mich daran, dass es eines der ersten Dinge war, die meine Mutter nach dem Tod ihres Mannes verändern wollte. Möglichst schnell aus der gemeinsamen Wohnung ausziehen. Vierzig Jahre hatten sie und mein Vater dort zusammengelebt, fünfzehn davon mit mir. Als sie diesen Wunsch äußerte, war ich zuerst ein wenig befremdet, schließlich stellte die elterliche Wohnung auch mein Zuhause dar. Aber als wir für sie eine schöne neue Wohnung fanden und sich meine Mutter mit Begeisterung neu einrichtete, konnte ich gut beobachten, was die neue Umgebung mit ihr machte. Sie hatte den Mut, mit fünfundsiebzig die ausgetretenen Pfade zu verlassen. Ohne das Andenken an den von ihr über alles geliebten Ehemann zu verletzen oder zu schmälern, wagte sie den Schritt in ein neues, eigenes Leben. Ich bewundere noch heute ihren Mut und freue mich zu sehen, dass sie nicht stehen geblieben ist, sondern neuen Lebensmut gefasst hat. Es hält sie jung, noch einmal von vorne zu beginnen. Mit fünfundsiebzig Jahren lebt sie zum allerersten Mal allein. Was für ein Schritt! Das muss man erst einmal aushalten.

Ich dagegen habe auch früher schon mal allein gelebt, und es war jedes Mal wieder aufregend, sich in einer neuen Umgebung neu zu erfinden. Der Umzug, der mir jetzt bevorsteht, wird dagegen ein Klacks. Ich bleibe am selben Ort, im selben Beruf, mein Freundeskreis bleibt bestehen, und auch meinen Yogakurs muss ich nicht wechseln. Trotzdem bin ich aufgeregt, als würde ich das elterliche Heim verlassen.

Ich kann mich gut daran erinnern, wie es war, als meine Freundin Julia vor ein paar Jahren wieder in unsere Stadt zog. Sie hatte eine Zeit lang im Ausland gearbeitet, wollte aber wieder zurück in ihre Heimat. Sie kaufte sich eine Wohnung, die sie nach ihren Vorstellungen umbaute und einrichtete. Als ich zum ersten Mal in ihrem neuen Zuhause stand, raubte es mir fast den Atem. Die Wohnung war so sehr Julia, spiegelte ihre Persönlichkeit wider, dass ich richtiggehend neidisch wurde. Wie gern hätte ich das gehabt – einen Raum, der ganz mein eigener ist! In unserem Haus trug zwar alles meine Handschrift, ich hatte es maßgeblich eingerichtet, aber ich hatte auch auf die Geschmäcker der anderen Rücksicht genommen. Und ich war die Einzige in unserer Familie, die kein eigenes Zimmer hatte.

Ein Luxusproblem, ich weiß. Man muss noch nicht mal an die vielköpfigen Familien denken, die in einer Hütte oder in einem Zimmer zusammenwohnen. Es reicht schon, wenn ich mich mit Xaver vergleiche, der auf der Ausziehcouch im Wohnzimmer schläft – dem Raum, in dem er auch arbeitet. Damit seine großen Kinder eigene Zimmer haben, denn mehr als eine Dreizimmerwohnung kann er sich in München nicht leisten.

Trotzdem: Der Gedanke an Julias Wohnung oder vielmehr an eine eigene Wohnung hat mich seitdem nicht mehr losgelassen. Und nun soll dieser Wunschtraum bald auch für mich Realität werden!

Ein weiterer Einschnitt im vergangenen Jahr war, dass unsere Tochter das Haus verlassen hat. Ich habe erwartet, dass mich das mehr aus der Bahn wirft, vor allem nach der für mich so unerwarteten Trennung von Torsten. Aber nichts da. Es fällt mir gar nicht schwer, sie ziehen zu lassen, obwohl (oder gerade weil?) wir ein besonders gutes Verhältnis zueinander haben. Die Gefahr, sich nach einer Trennung umso stärker an die Kinder zu klammern, hätte durchaus bestanden, stattdessen freue ich mich für unsere Tochter, dass sie so entschieden den Schritt aus dem Elternhaus gemacht hat.

Ich darf per WhatsApp an ihrer großen Reise teilnehmen, ich leide mit, als sie mit einer schlimmen Erkältung im Hostel-Bett liegt, während sich alle anderen am Strand tummeln, und ich freue mich für sie, wenn sie vom Schnorcheln oder Kajakfahren durch Mangrovenwälder berichtet. Ich genieße ihre Selbstständigkeit und Entschlossenheit und bin stolz auf Torsten und mich, dass sie eine selbstbewusste junge Frau ist, die sich alles zutraut.

Aber ich kann nicht nur mit leichtem Herzen auf sie verzichten, weil sie allein gut klarkommt, sondern auch, weil das für mich noch eine Person weniger im Haushalt bedeutet. Denn nicht nur der Mann schmutzt, sondern auch das Kind. Insbesondere der Teenager … Dass sich der Haushalt unversehens von vier auf zwei reduziert hat, fällt schon ins Gewicht. Natürlich möchte ich die Liebe zu Mann und Tochter nicht in Haushaltsarbeitsstunden aufrechnen, aber ich kann auch nicht verschweigen, dass der deutlich geringere Arbeitsaufwand maßgeblich zu meiner Entspannung beiträgt.

Was aus Torsten und mir wird, weiß ich nicht. Wir haben uns entschieden, dass wir verheiratet bleiben wollen. Wir tragen gemeinsam alle finanziellen Lasten, die Kinder und Tiere betreffend. Wir sprechen über alles, was uns bewegt, positiv oder negativ – ausgenommen seine Beziehung. Wir haben viel verstanden, haben geredet und uns im Arm gehalten.

Torsten hat gemerkt, dass er nicht auf seine Familie verzichten kann, und sucht nun eine Wohnung in unmittelbarer Nähe.

Er übernimmt jetzt die Verantwortung für sein Leben, mehr als in der Zeit unserer Ehe.

Ich genieße es sehr, dass wir uns plötzlich neu begegnen können. Als Menschen, die sehr viel miteinander erlebt haben, die sich so gut kennen wie niemanden sonst und die sich nun ganz ohne Ballast und Erwartungsdruck begegnen.

Und ich versuche, mich nicht ständig in alles einzumischen, nicht alle um mich herum kontrollieren zu wollen. Damit ich später nicht noch einmal unter der Last der Verantwortung und der Pflichten, die ich mir aufgebürdet habe, zusammenbreche.

Auf Torsten kann und will ich nicht verzichten. Wir sind kein Liebespaar mehr, und wir werden auch keins mehr werden. Ein gemeinsamer Haushalt kommt nicht infrage – für uns beide.
Aber wir sind uns wichtig, wir haben das, was uns immer verbunden hat, bewahrt und uns nicht in einem Scheidungskleinkrieg zermürbt.
Wir sind, das darf ich so behaupten, ziemlich beste Freunde.
Wenn Torsten zu Besuch kommt, sitzen wir wieder alle vier am Esstisch zusammen und sind eine Familie – wenngleich mit einem etwas anderen Lebenskonzept.

Was wird die Zukunft bringen? Wie wird sie uns verändern?
Bald werde ich ganz allein wohnen, dann nämlich, wenn unsere Tochter ein Studium beginnen und ihren eigenen Haushalt gründen wird. Wenn unser Sohn Abitur macht und irgendwann mit Sicherheit auch auszieht.
Werde ich dann mein Leben lang Bücher schreiben, oder gibt es da noch andere Aufgaben, die auf mich warten?

Sollte ich mich vielleicht beruflich doch noch einmal neu sortieren?

Werde ich mich wieder verlieben? Was wird das für ein Mann sein, wie wird er aussehen? Klein oder groß, mit braunen, blonden oder roten Haaren? Hat er einen Bauch, oder ist er klapperdürr? Hat er Kinder, ist er Witwer oder geschieden? Im Moment, auch ein Jahr nach der Trennung, kann ich mir immer noch nicht vorstellen, dass ich mich jemals wieder verlieben könnte. Noch sind andere Männer für mich vollkommen uninteressant. Vielleicht bleibt das so, vielleicht auch nicht, ich will es auch gar nicht wissen.

Ich wünsche mir nichts. Ich habe keine Erwartungen. Weil ich gelernt habe, dass alles ganz anders kommen kann als gedacht.

»Mach nur einen Plan …«, summt da der alte Herr Brecht.

Ich mache keine Pläne mehr. Oder nur sehr kurzfristige. Stattdessen bin ich neugierig auf alles, was da kommt.

Ich bin neugierig auf mein neues Leben.

Zitatnachweis

Seite 7: Peggy Lee, *It's a good day,* Capitol Records, 1946
Seite 19: https://www.destatis.de/DE/ZahlenFakten/GesellschaftStaat/Bevoelkerung/Ehescheidungen
Seite 20: https://www.Theratalk.de
Seite 22: Bertolt Brecht, *Die Dreigroschenoper.* Nach John Gays »The Beggar's Opera«, edition suhrkamp 229), Suhrkamp, 1. Auflage 1968
Seite 91: https://djz.de/scheidungshunde-1957/
Seite 103: Brigitte Woman 1/2017, S. 78
Seite 109: ebd., S. 93
Seite 153: ebd., S. 60
Seite 165: Beigott, Susanne und Braun, Otto, *Bali und Lombok,* Erlangen 2015, S. 246

Gelato und Liebe an der Amalfiküste

MARIE MATISEK

Ein Sommer wie Limoneneis

Roman

Marco ist als Immobilienanwalt erfolgreich und liebt sein Leben in Deutschland. Seine italienischen Wurzeln interessieren ihn nicht allzu sehr, und die Limonenplantage, die seine Familie seit Jahrhunderten in Amalfi betreibt, kümmert ihn nur wenig.
Aber dann zwingt ihn ein Burn-out in die Knie, und gleichzeitig verlangt seine Frau plötzlich die Scheidung. Um wieder auf die Beine zu kommen, reist Marco nach Amalfi – nur für kurze Zeit, wie er glaubt.
Doch schon bald ist er wie bezaubert von der traumhaften Mittelmeerküste seiner Heimat und dem sinnlichen Leben Süditaliens. Und dann steht auch noch Lisabetta vor ihm, die wunderschöne Liebe seiner Jugend …

»Heiter, beschwingt, unbeschwert.
Einfach bezaubernd.«
FÜR SIE

MARIE MATISEK
Sonnensegeln

»Pflegerin für schwerkranken Unternehmer in Südfrankreich gesucht.« Als die Krankenschwester Marita diese Annonce liest, ahnt sie noch nicht, dass sich ihr Leben von Grund auf ändern wird. Sie nimmt den Job an und landet schon bald auf dem bezaubernden Gut der Familie Lafleur. Doch der schwerkranke Patriarch entpuppt sich als schwieriger Patient. Marita könnte verzweifeln, wäre da nicht der charmante François, der ihr die Côte d'Azur von ihrer schönsten Seite zeigt.

Mirabellensommer

Marita, die in Südfrankreich überraschend ihre große Liebe gefunden hat, ist glücklich mit ihrem Leben und ihren neuen Freunden, der alteingesessenen Familie Verbier und den Babajous von der Elfenbeinküste.
Doch als sich Rachid Babajou in Julie, die jüngste Tochter der Verbiers verliebt, scheinen die kulturellen Gräben größer als gedacht. Die Freundschaft der Familien steht auf dem Spiel, denn nach einem Streit ist das junge Liebespaar plötzlich verschwunden …